袁国宝◎著

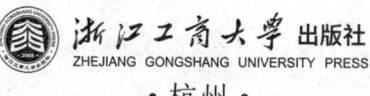

增长营运

破局存量时代的流量焦虑

浙江工商大学出版社
ZHEJIANG GONGSHANG UNIVERSITY PRESS
·杭州·

图书在版编目（CIP）数据

增长运营：破局存量时代的流量焦虑 / 袁国宝著.—杭州：浙江工商大学出版社，2024.6
ISBN 978-7-5178-5834-8

Ⅰ.①增… Ⅱ.①袁… Ⅲ.①网络营销 Ⅳ.①F713.365.2

中国国家版本馆CIP数据核字（2023）第234398号

增长运营：破局存量时代的流量焦虑
ZENGZHANG YUNYING: POJU CUNLIANG SHIDAI DE LIULIANG JIAOLÜ

袁国宝 著

策划编辑	郑　建
责任编辑	高章连
责任校对	林莉燕
封面设计	尚书堂
责任印制	包建辉
出版发行	浙江工商大学出版社
	（杭州市教工路198号　邮政编码310012）
	（E-mail:zjgsupress@163.com）
	（网址:http://www.zjgsupress.com）
	电话:0571-88904980,88831806(传真)
排　　版	杭州兴邦电子印务有限公司
印　　刷	杭州钱江彩色印务有限公司
开　　本	880mm×1230mm　1/32
印　　张	8.625
字　　数	205千
版 印 次	2024年6月第1版　2024年6月第1次印刷
标准书号	ISBN 978-7-5178-5834-8
定　　价	69.00元

版权所有　侵权必究
如发现印装质量问题，影响阅读，请和营销与发行中心联系调换
联系电话　0571-88904970

前 言

数字化时代的到来，使得人们的生活已经离不开各种各样的App。在微信、微博、小红书、抖音等各种热门App中，尽管界面的分布和版块的名称有所不同，其功能却具有一定的相似性，比如社交互动、内容"种草"。而这背后隐藏的底层逻辑也别无二致，均是对流量的追逐。如今，我国人口负增长初至，流量红利逐步见顶，市场竞争也日益加剧，进入存量时代，多种因素的共同作用使企业被多重压力围困。

在互联网商业领域，用户增长（User Growth）是企业永恒的主题。"用户驱动增长"是互联网企业经营与发展的圭臬，即企业不断获取新用户，新用户留存并产生持续性消费行为。在移动互联网发展初期，各个平台竞相通过压低成本来引入流量,从而获得用户增长。而随着流量红利逐渐消退,平台获得新用户的难度越来越大,因而不得不将目光转移至存量市场,以期通过挖掘存量市场价值来激发用户增长潜力。进入存量时代,流量焦虑已经成为各大平台面临的问题。

20多年的互联网流量红利期,尤其是互联网平台型公司的流量红利期已经过去,企业的业务发展逻辑需要根本性重建。在流量增长枯竭、宏观经济结构调整、平台经济反垄断等因素的共同作用下,互联网平台的黄金时代一去不复返了。如何缓解互联网企业的流量焦虑,实现用户持续增长,在日益白热化的存量竞争中生存与发展,是当前互联网企业面对的重大课题。

纵观以往的商业竞争,企业的关注焦点从生产工艺过渡到渠道渗透率,再转变为流量转化率,企业似乎已经在对流量的争夺中迷失方向。实际上,对众多企业案例进行剖析可以发现,企业的成功主要在于铸就品牌所带来的长远利益,而绝非一次次对流量的追逐;实现用户增长的关键在于用户增长运营,构建完善的增长战略规划体系。因此,企业"流量为王"的竞争策略正逐渐失效,取而代之的是针对用户增长的精细化运营。

那么,在流量红利期已经过去的互联网下半场,企业应如何在存量竞争中重新制定用户增长战略,"从0到1"打造增长团队?如何搭建系统化的用户增长模型,从而源源不断地获取潜在用户,并实现用户留存、转化与变现?如何真正做到以用户体验为中心,打造用户青睐的爆款产品?如何构建完善的用户增长运营体系,找到企业增长"第二曲线"?

本书基于当前互联网流量红利枯竭的行业背景,针对企业获客难、成本高的现状与痛点,分别从增长战略、增长模型、产品运营、用户运营、内容运营、数据运营、活动运营七大维度，系统阐述互联网企业用户增长运营的实战路径、方法与工具，试图帮助读者搭建一个完整的增长知识体系，并对国内外知名互联网企业的用户增长方法论进行深度剖析，以指导企业突破用户瓶颈、提高用户转化率，并梳理出契合自身业务的核心增长路径。

第1章：增长战略。用户增长主要是指企业所提供的产品或服务在一定周期内的用户增长量，它是评估企业业务状况、战略发展情况的重要指标。用户的增加意味着企业的市场份额得以进一步扩大，其营收也会有所增长，企业由此能够获得更多资金投入产品研发活动，以提升其竞争力和价值创造能力。

第2章：增长模型。AARRR用户增长模型是一种基于用户生命周期的增长模型，由于该模型主张通过掠夺用户来实现增长，也被称为"海盗模型"。用通俗的语言解释，AARRR用户增长模型可以帮助企业解决"用户从何而来""如何活跃用户""如何留存用户""如何从用户中获取收益""怎样激发用户进行口碑传播"五个问题。

第3章：产品运营。互联网企业大多依赖产品运营能力和用户运营能力来支撑其稳定发展。其中，产品运营能力是促进产品不断优化和持续更新的重要驱动力，也是推动企业高效落实用户运营、数据运营、活动运营和内容运营等各项运营工作的重要助力。企业需要通过不同产品运营方式来满足用户的需求，不断提高用户价值和商业价值。

第4章：用户运营。互联网时代下的任何商业行为只有以用户为中心、围绕用户需求和体验来开展，才有可能获得成功。因此，用户是产品运营的重要因素。产品运营在很大程度上体现为用户运营，其他运营行为如活动运营、内容运营等都是为用户运营服务的。

第5章：内容运营。信息技术的不断进步和市场竞争的日益激烈，使得内容运营的价值愈加凸显。企业通过对产品相关内容的分发和传播，可以向目标用户传递产品观念和企业价值观，从而引导他们做出企业期望的行为。内容运营，即创造、编辑产品的相关内容，选取合适的传播渠道，建立产品与用户的联结，最终增强用户的活跃度和忠诚度。

第6章：数据运营。数据运营在互联网企业发展过程中发挥着重要的推动作用。以社群的数据运营为例，在互联网时代下，社群经济已成为一种备受瞩目的创新经济模式，在产品运营和市场营销方面具有巨大的价值空间。因此，互联网商业环境下的产品运营无法绕开社群，而社群的数据化在产品的运营和管理中具有重要价值。

第7章：活动运营。活动运营容易与"创意""传播"等概念产生关联，实际上企业在活动运营的过程中，如果希望运营流程被流畅执行、运营方案有据可循，那么分析运营数据是至关重要的。数据分析能够弥补活动运营中的缺陷，使得运营流程更加完善；能够改变活动运营的混乱状态，使得运营流程更加可控；能够将基于主观经验的活动运营调整为基于客观信息的活动运营，使得运营流程更加科学。

可以说，这是一本关于用户增长与流量运营的实战指南，提供了大量低成本获客并实现用户高效转化的"实战打法"，对企业运营优化、营销推广、数据增长具有指导意义。本书不仅适合企业管理者、市场营销人员、互联网运营人员、产品经理、数据分析师、新媒体运营人员等群体阅读，也可以供高等院校计算机、互联网等相关专业的师生阅读参考。

目 录

01 增长战略

1.1 用户增长的基本认知
- 1.1.1 何为用户增长 /003
- 1.1.2 用户增长的四大驱动力 /006
- 1.1.3 用户增长的三大底层思维 /011

1.2 搭建增长战略规划体系
- 1.2.1 确立可落地的运营目标 /016
- 1.2.2 制定增长运营规划 /018
- 1.2.3 科学规划运营资源 /021
- 1.2.4 构建后端支撑体系 /023

1.3 "从0到1"搭建增长团队
- 1.3.1 增长团队的定义与特征 /026
- 1.3.2 增长团队的组织架构 /030
- 1.3.3 增长团队的人员配置 /033
- 1.3.4 增长团队的运营流程 /036
- 1.3.5 创业公司如何搭建增长团队 /039

02 增长模型

2.1 AARRR用户增长模型
- 2.1.1 获取："从0到1"获取种子用户 /047
- 2.1.2 激活：打造产品的Aha Moment /051
- 2.1.3 留存："5W1H"精细化运营分析 /055
- 2.1.4 收益：找到产品的盈利路径 /060
- 2.1.5 传播：实现产品的病毒式增长 /064

2.2 RFM用户分层模型
- 2.2.1 RFM模型：识别高价值的用户 /068
- 2.2.2 RFM模型的构建流程 /072
- 2.2.3 基于RFM模型的会员体系 /074
- 2.2.4 RFM模型在门店管理中的应用 /077

2.3 北极星指标（NSM）
- 2.3.1 北极星指标：唯一关键指标 /082
- 2.3.2 制定北极星指标的三个标准 /084
- 2.3.3 基于产品生命周期的北极星指标 /087
- 2.3.4 基于不同类型产品的北极星指标 /089

03 产品运营

3.1 互联网产品的设计流程
- 3.1.1 需求与目标设计 /095
- 3.1.2 产品概念设计 /097
- 3.1.3 产品原型设计 /099
- 3.1.4 UI设计 /100
- 3.1.5 产品视觉设计 /103

3.2 产品规划、运营与优化

- 3.2.1 产品规划要点梳理 /105
- 3.2.2 产品运营的工作职责 /108
- 3.2.3 搭建产品运营体系 /111
- 3.2.4 产品的优化与迭代 /114

3.3 基于用户体验的产品运营

- 3.3.1 用户体验的五个要素 /120
- 3.3.2 有没有好的产品 /122
- 3.3.3 产品能不能用 /124
- 3.3.4 产品好不好用 /125
- 3.3.5 产品用得好不好 /126
- 3.3.6 产品还有哪些方面可改进 /127

04 用户运营

4.1 用户调研的步骤与方法

- 4.1.1 确定调研对象和目标 /131
- 4.1.2 选择合适的调研方法 /134
- 4.1.3 问题访谈顺序安排 /136
- 4.1.4 用户调研结果分析 /139

4.2 用户运营实战技巧与攻略

- 4.2.1 用户运营的三个阶段 /141
- 4.2.2 寻找正确的目标用户 /144
- 4.2.3 精准获取初期用户 /145
- 4.2.4 培养用户的忠诚度 /146
- 4.2.5 捆绑核心用户群体 /150

4.3 搭建完善的用户激励体系

4.3.1 用户激励的三个要素 /151

4.3.2 明确用户角色与行为 /154

4.3.3 选择合适的激励方式 /156

4.3.4 制定合理的激励规则 /158

05 内容运营

5.1 建立内容运营认知框架

5.1.1 内容运营的分类与优势 /163

5.1.2 内容运营的价值落地 /166

5.1.3 内容运营的核心工作 /168

5.1.4 内容型产品的运营策略 /170

5.2 内容"种草"营销实战指南

5.2.1 内容"种草"：让品牌直抵用户 /174

5.2.2 三大"种草"平台的内容生态 /176

5.2.3 微博：KOL营销实战攻略 /179

5.2.4 B站：引爆圈层裂变传播 /183

5.2.5 小红书："爆款笔记"+"种草"公式 /187

06 数据运营

6.1 数据运营的实战流程

6.1.1 Step 1：明确数据运营目标 /195

6.1.2 Step 2：制定数据运营指标 /197

6.1.3 Step 3：获取用户行为数据 /200

6.1.4 Step 4：形成数据分析报告 /202

6.1.5 Step 5：优化数据运营策略 /205

6.2 构建互联网产品数据管理体系

- 6.2.1 PDM的关键技术 /208
- 6.2.2 数据统计指标设计 /211
- 6.2.3 数据上报与采集 /213
- 6.2.4 数据存储、处理和统计 /214
- 6.2.5 数据分析与挖掘 /216

6.3 社群数据运营的指标设计

- 6.3.1 社群数据运营的三个方面 /219
- 6.3.2 拉新阶段的数据运营指标 /223
- 6.3.3 激活阶段的数据运营指标 /225
- 6.3.4 留存阶段的数据运营指标 /227
- 6.3.5 转化阶段的数据运营指标 /229

07 活动运营

7.1 活动筹划准备工作

- 7.1.1 活动运营的类型 /235
- 7.1.2 确定活动目标 /241
- 7.1.3 盘点活动资源 /243
- 7.1.4 确定活动主题 /245
- 7.1.5 协调活动需求 /247

7.2 活动策划执行工作

- 7.2.1 活动方案策划 /249
- 7.2.2 执行手册撰写 /253
- 7.2.3 开发设计落地 /254
- 7.2.4 活动上线跟进 /257
- 7.2.5 活动复盘评估 /260

01 增长战略

1.1　用户增长的基本认知

1.1.1　何为用户增长

信息技术的发展,催生了电商这一新型的商品运营模式,而随着线上市场发展深化,移动互联网流量红利逐渐消失,越来越多的企业意识到拥有稳定用户群体的重要性,"用户增长"成为衡量企业发展质量的重要指标。

"用户增长"的概念最早兴起于美国硅谷,以亚马逊(Amazon)、谷歌(Google)、脸谱网(Facebook)、推特(Twitter)等头部互联网公司为代表,它们开创性地使用了一种有效的用户增长手段,即通过推出新产品、新服务,并融合运用增长黑客[①]模式,在短期内提升产品质量和用户体验,从而实现爆发式增长。国内的抖音、美团、滴滴等公司,也积极引入增长黑客模式,通过对业务数据、用户数据的深入分析,实现

---

①增长黑客:基于对数据的分析驱动企业营销,基于对市场的分析指导产品研发,是一种利用产品或技术手段来获取自发增长的运营方法。

用户快速增长。

用户增长的概念及内涵

用户增长主要是指品牌、企业所提供的产品或服务在一定周期内的用户增长量，它是评估公司业务状况、战略发展情况的重要指标。用户增长的实现涉及两个业务目标：一是新用户的增长，二是现有用户的留存。如图1-1所示：

新用户的增长
- 广告宣传
- 市场营销
- 口碑传播
- 搜索推荐

用户增长的实现

现有用户的留存
- 丰富产品功能
- 改善产品性能
- 改进用户体验

图1-1　用户增长涉及的业务目标

新用户的增长意味着原先并未使用企业产品或服务的人群参与进来，通过注册账号、开通会员、付费购买等方式获取产品或服务。广告宣传、市场营销、口碑传播、搜索推荐是最主要的实现方式。

现有用户的留存意味着已经购买企业产品或正在使用其服务的用户群体能够继续保持这一状态，维持对企业的忠诚。用户留存可以通过丰富产品功能、改善产品性能和改进用户体验来实现，其核心是建立稳定的用户关系。

对于创业公司和在线平台来说，拥有较高的用户增长率尤其重要。用户的增加意味着公司的市场份额得以进一步扩大，其营收也会有所增长，由此能够获得更多资金投入产品研发活动，以提升企业竞争力和价值创造能力。同时，用户的增长也伴随着用户需求的改善，促使企业不断优化产品和服务，并有机会实现商业模式创新和提升品牌知名度。

用户增长是基于合理的增长策略来实现的，这就要求企业密切关注活跃用户数、注册用户数、用户留存率和用户转化率等指标，对背后的数据信息进行深入分析，以充分了解用户增长情况，正确评估产品或服务的市场表现，制定科学、有效的增长策略，如改进产品功能、开展营销活动、拓展新的推广渠道等。

实现用户增长的具体措施包括但不限于广告宣传、用户推荐、社交媒体推广、市场营销、搜索引擎展示，企业可以根据行业特性、产品或服务的特点、目标受众的分布等要素来选择最为有效的增长途径。

增长项目的类型

根据用户增长实现方式的不同，可以将增长项目划分为漏斗型增长、功能型增长、策略型增长和整合型增长四种类型，如图1-2所示。

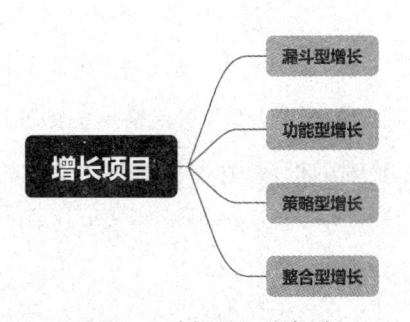

图1-2 增长项目的类型

（1）漏斗型增长。漏斗型增长项目的特点是将能够影响用户体验的流程进行拆解，并对每一个拆解出的环节进行优化，以每个环节的转化率的提高来促进用户整体生命周期总价值（Life Time Value，LTV）的提升。

以电商平台为例，电商产品的常用用户增长路径可以概括为：商品曝光→产品落地页→购买页→点击购买→支付成功。如果希望提高用户的购买率，可以从该路径的某一个环节着手，有针对性地进行优化。

（2）功能型增长。功能型增长主要是指给产品新增某种功能或服务，由此提升产品竞争力，吸引新的用户（包括竞品用户）加入，或增强已有用户对产品的认同感和依赖感，从而实现用户增长。常见功能包括邀请享红包、实时在线内容分享、邀请朋友砍价等。

（3）策略型增长。策略型增长是基于对用户数据和产品使用情况的分析，通过算法优化等方式大幅提升产品性能，使得产品更加好用、实用，更加贴合用户需求。

互联网内容平台今日头条可以作为该增长项目的成功案例。它通过对用户浏览行为、用户活跃时段和用户所处地理位置等信息的分析，定制可以满足用户阅读需求的最佳推荐方案，从而增加用户访问时长。虽然该平台并未增加与众不同的新功能，但实际用户转化率却得到了极大提高。

（4）整合型增长。整合型增长通常在需要线上和线下协同以形成完整体验闭环的业务中发挥作用。以券商[1]为例，为了充分满足线下客户的需求，解决其问题，并在互联网中寻找新的增长点，它们可以从优化改进线上业务入手。

1.1.2 用户增长的四大驱动力

企业在具体落实社交裂变等关于用户增长的方法论之前，首先要分析用户增长的根本性因素。现有的许多方法论都在实践中证明了其有效

---

[1] 券商：经营证券交易的公司，或称证券公司，即上海证券交易所和深圳证券交易所的代理商。

性，具有一定的借鉴意义，然而这种有效性是在方法论与企业产品发展阶段相适应的基础上实现的。如果企业对自身产品定位没有明确的认知，只是将方法生搬硬套，则有可能适得其反，造成大量资源的浪费。

因此，在研究用户增长方法论之前，需要对影响用户增长的根本性因素进行分析。用户增长的四大驱动力如图1-3所示：

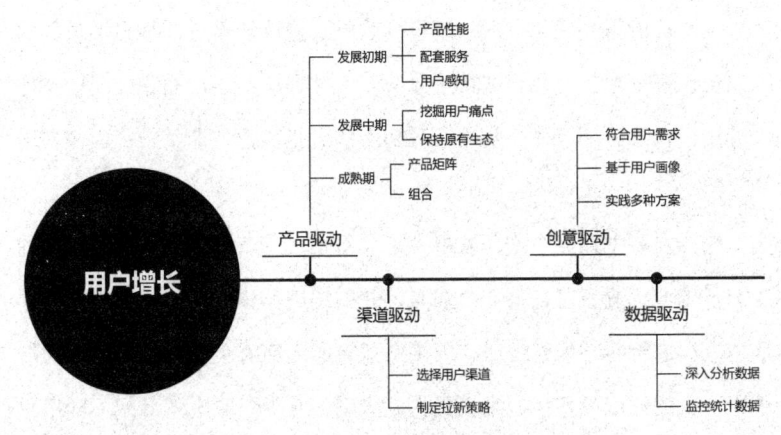

图1-3 用户增长的四大驱动力

产品驱动

产品的核心价值在于满足用户的需求，这也是其功能和服务的最直接体现。互联网公司业务发展的核心也在于产品。了解产品所处的发展阶段，并有针对性地优化和完善，是用户增长的根本驱动力之一。产品发展阶段大致可以分为发展初期、发展中期和成熟期。

（1）发展初期。在这一时期，产品可能存在诸多不足，企业需要从产品性能、配套服务、用户感知等多个方面了解存在的痛点，并针对核心功能进行重点优化，增强留存用户黏性，促进新用户增长。

产品性能方面：努力优化产品的核心功能，使其更好地满足用户需求，同时简化使用步骤，提升产品的易操作性，从而降低使用门槛。

配套服务方面：基于用户的主要痛点，尤其是优先级较高、紧迫性更强的痛点，有针对性地提升产品服务质量。

用户感知方面：提供多样化的用户感知反馈渠道，例如问卷调查、投诉建议通道、客服回访等，鼓励用户积极反馈产品存在的问题，强化用户与产品之间的联结。

基本功能得到优化以后，就可以兼顾一些能够促进产品自增长的功能模块，进一步提升用户的使用体验，引导那些给予产品积极反馈与评价的用户自发分享产品，从而实现初步的自我传播，即赋予产品"自增长基因"。

（2）发展中期。在产品发展中期，研发、运营团队要在产品既有功能的基础上，进一步挖掘用户痛点，并围绕产品核心功能延伸出新的辅助功能。进行新功能开发时，要注意保持产品原有生态，避免相似功能堆积，也要让产品使用起来更加得心应手，并具备一定的满足不同用户群体个性化需求的发展空间，从而延长用户在产品上的停留时间，为用户的进一步转化提供条件。

（3）成熟期。在这一时期，产品的功能已经较为完善，也拥有了一定量级的相对稳定的用户群体，企业可以通过建立产品矩阵和组合等方式构建灵活的用户增长体系。

具体方法为：从产品角度来看，在多条业务线或产品线之间构建数据通路，使其构成一个产品增长矩阵，矩阵中的产品互为支撑、相互协同、相互导流；从用户角度来看，通过适度的福利诱导，鼓励用户使用该企业旗下的其他产品，从而利用集群效应带动用户增长。

总之，产品驱动用户增长的核心在于产品的性能不断增强、使用门槛不断降低，从而吸引潜在用户群体，扩大目标用户群体，提高用户转化率。处于不同发展阶段的产品，其增长策略和增长侧重点有所不同，企业要基于对产品发展情况的准确把握，制定合适的增长策略，从而快速达到用户增长目的。

渠道驱动

渠道是产品流量和新用户的重要来源，渠道属性与流量规模、获客质量、用户质量及人群匹配度密切相关，一般来说，规模较大的渠道更有可能带来更多的流量，拥有高质量用户的渠道有助于提高获客质量，并为后续用户的激活、留存、转化、变现等环节奠定基础。

如果企业要在有限成本的基础上精准、高效地获取用户（尤其是高质量用户），就要注意用户渠道的选择，要尽量筛选出那些有优质用户的渠道，并制定与渠道特性匹配的拉新策略。当策略相同、渠道不同时，用户转化率会有所差异；当渠道相同、策略不同时，用户转化率也会有所不同。

在推广获客的过程中，容易出现这样的渠道类型：一是虽然注册用户（新增用户）较多，但真正实现转化（即付费）的用户却很少；二是新增用户较多，付费转化的用户量也多，但企业的实际推广费用往往容易超出预算。因此，企业需要重视数据分析，根据业务发展需求和运营目标来寻找那些流量大、目标人群匹配、转化可能性高的渠道。这就要求相关团队能够充分了解不同平台的特性，制定合理的获客策略和分配策略，从而在控制成本的同时达到较为理想的运营推广效果。

创意驱动

用户增长的驱动力除了优质的产品和可靠的渠道外，还包括具有吸引力的创意。产品用户界面（User Interface）设计和运营推广活动是创意的重要载体。就运营推广活动来说，富有创意的大型营销活动更容易吸引人们的注意力。通常，活动时间和活动周期是根据活动日历来确定的，在重要的节庆活动节点通过预热、造势和大范围的推广宣传（包括线上和线下），有助于在短时期内实现用户增长，而要使活动取得良好效果，离不开运营、产品、数据、市场等多个部门的协同合作。

关于活动创意的提出和落实，需要注意以下几点。

第一，活动创意需要符合用户的根本需求，即用户对产品本身的使用需求，以此为出发点，通过富有创意的活动策略，例如赋予用户限时的付费功能使用特权、转发分享领取福利优惠等，引导用户自发进行分享、转化。

第二，要基于精准的用户画像制定创意活动执行策略，符合用户心理预期和根本需求的创意活动有利于提升用户对产品的认可度，能够引发用户共鸣，并促使用户自发地进行分享与互动，从而促进用户增长。

第三，在同一活动中，可以同时实践多种创意方案，以满足不同用户群体的个性化需求，进一步扩大活动的影响范围。

创意活动可以激发人们的好奇心，能够在短时期内快速提升产品曝光度，同时配合合理的转化策略与多渠道宣传推广活动，能够实现用户规模化增长。需要注意的是，活动结束后，企业需要关注用户的留存情况，及时解决产品存在的问题，持续优化产品功能，不断提升产品使用体验，从而提高用户的留存率，为后续用户转化提供条件。

数据驱动

数据驱动也是企业获取新用户、促进现有用户转化的重要方式之一。具体而言，数据驱动是在产品运营过程中，根据对用户的使用行为、消费行为、用户特征等数据的深入分析，发现产品、服务、运营等领域存在的问题，针对这些问题制定解决方案。这些问题可能涉及产品转化、渠道转化、用户转化、用户结构、用户成长、供需关系等方面，涉及的数据类型也复杂多样。发现问题之后，还要明确导致问题出现的主要因素，针对原因制订相应的解决方案，通过优化各个要素实现整体指标数据的增长。

另外，数据信息的支撑作用还体现在对增长策略的复盘、评价工作上。通过对核心产品指标、业务指标、用户指标等指标数据的监控统计，能够明确这些指标数据在周期内的变化趋势，在此基础上形成对增长策略执行效果的客观评价。同时，数据统计有助于运营人员了解用户增长的周期性规律，使用户增长的驱动力与方法论有机结合，从而有的放矢地制定增长策略，使所投入资源（包括人员、物资、资金等）产生的效益最大化。

1.1.3 用户增长的三大底层思维

有时，产品经理在执行用户增长策略后，并未达到预期的效果。具体原因可以归结为以下三点。

第一，前期做了充分的数据准备，包括用户分析、市场调研等，但最终做出来的产品对用户没有吸引力，难以实现用户增长。

第二，产品的用户界面设计美观、操作便捷、交互性能良好，整体较为完善，但始终难以突破用户增长瓶颈。

第三，为满足用户需求增加了相应的产品功能，但用户反馈不够理想。

导致这些问题的主要原因可能是对用户增长的规律认知不足，对相关知识的积累比较零散，未形成系统化、体系化的增长思维知识体系，而在产品运营过程中出现的许多问题，都需要基于用户增长思维来制订合理的解决方案。例如，在提升日活跃用户数（Daily Active User，DAU）的问题上，除了从运营、产品、渠道、品牌等方面制订解决方案，还可以从行业、竞品、产品生命周期、用户生命周期等维度出发对各种因素进行综合考虑。

用户增长底层思维主要涵盖三个层面：用户思维、本质思维和价值思维。如图1-4所示。理解这三个思维层面和用户增长之间的关系，是制定用户增长策略的前提。

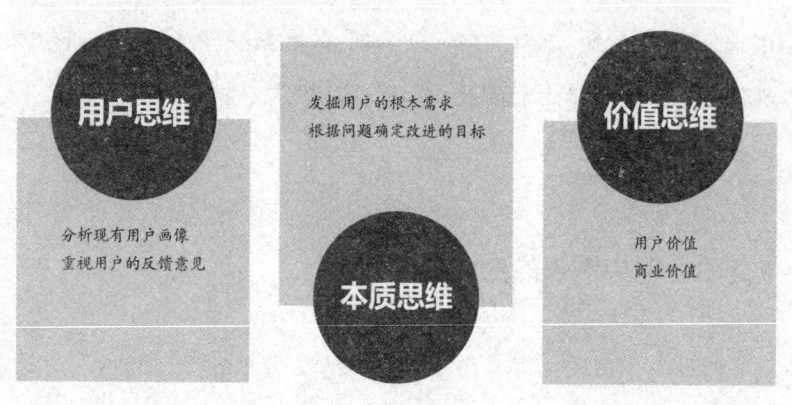

图1-4 用户增长的三大底层思维

用户思维：以用户为中心

流量是互联网产品或服务的用户量的量化指标与直观体现，流量规模的扩大在一定程度上反映了产品或服务的用户量的增长。用户思维要求以用户为中心，即从用户的角度考虑问题，理解用户的根本需求，并结合用户画像,找到影响用户量的关键因素。

用户思维可以对用户增长起到促进作用。一方面,可以通过对现有用户进行画像分析,有针对性地投放推广活动,实现精准获客;另一方面,要重视用户的反馈意见,努力提升产品使用体验,促进产品的调整和优化。此外,用户的规模化增长是一个长期持续的过程,增长是综合运用多种方法的结果,而用户思维在促进用户增长方面起到了重要的驱动作用。

本质思维:思考表象背后的需求

用户的需求是多样的,甚至是随时变化的,但企业不可能满足所有用户的需求。而且有时用户所表达的只是表面需求,企业需要理解的则是表象背后的真实需求,即根本需求。福特公司的创始人亨利·福特(Henry Ford)曾说:"在没有汽车之前,用户不会告诉你他想要的是汽车,只会说他要一辆更快的马车。"我们可以设想,如果福特没有对"更快的马车"进行深入思考,进一步探索用户需求的本质,那么他可能永远也无法成就后来的福特公司。

本质思维要求企业去思考那些藏在用户纷繁复杂的表象需求后面的根本需求,这体现出用户与产品之间存在的最基础和最根本的关系。通过发现表象背后的本质问题,根据问题确定发展目标和改进目标,以实现用户增长。

我们通过一个简单的事例进行说明:当企业员工外出团建时,面对炎热的天气,有人提出想喝橙汁……该情境中,喝橙汁只是成员的表面需求,而根本需求是解渴,因此应当为其提供能够有效解渴的方案。这就是我们所说的本质思维。

综上，企业在制订产品优化方案之前，要了解用户的根本需求，由此才能确定正确的产品改进方向，从而增强用户黏性和提高用户忠诚度，保持市场竞争优势。

价值思维：用户价值和商业价值的统一

发现痛点、解决痛点、提升用户体验、满足用户需求等活动都是为创造价值服务的，这里的价值包括用户价值和商业价值。用户价值主要面向用户，体现为产品能为用户带来良好的产品或服务体验，其功能作用能得到充分发挥；商业价值则面向企业，体现为企业在满足用户需求之后能够获得什么，这可以从价值市场、价值模式和价值基本指标等几个维度综合考虑，具体表现为营收增加、市场规模扩大等。

从本质上来说，用户增长是用户价值和商业价值的统一。用户价值和商业价值相互促进、相辅相成。用户价值是商业价值的基础，如果产品不能体现用户价值，难以得到用户认可，则无法获得商业价值；商业价值是用户价值的衍生，用户价值的提升可以带来商业价值的增长。如果价值变现和用户体验产生冲突，则需要做出有利于长远发展的选择。

综上所述，企业在研究用户增长问题的时候，要避免孤立地、从单一视角看待问题，应该具备系统化思维，从整体、宏观的角度看待问题。只有从全局出发，才能发现问题的本质，了解围绕问题的因果联系，并在此基础上找到有效的解决方法。此外，企业对于用户增长的分析需要具备系统化思维，系统化思维要求从纵向、横向两个维度进行思考。纵向主要指时间维度，即思考企业目前处于哪个发展阶段、产品的发展进程如何、未来的发展趋势如何等问题；横向主要涉及同一时期、同一阶段内其他产品在市场中的横向对比，例如产品特性、目标用户、用户增长影响因素、市场竞争力等方面的内容。

从多角度、多领域、多维度进行思考，是全面认识事物本质的基本方法。另外，由于经济形势、市场走向、用户消费心理等要素是不断变化的，因此企业也要动态地看待问题。就用户增长问题来说，在不同业务线、不同渠道、不同的用户群体层面，所面临的用户增长问题都是不同的，因此企业需要实施有针对性的、差异化的增长策略，这也是系统化思维的正确应用方向。

1.2 搭建增长战略规划体系

1.2.1 确立可落地的运营目标

互联网企业需要依赖运营来实现用户数量的稳步增长和业务规模的不断扩张,因此,企业需要积极把握时机制定和落实相关运营规划,并最大限度利用各项组织资源和运营资源,加快实现运营目标的速度,以便获取更多用户。

在运营规划的制定环节,目标侧、运营侧、资源侧和支撑侧是互联网企业需要关注的重点。各个关键领域及其子类如表1-1所示:

表1-1 运营规划涉及的关键领域及其子类

大类	子类(包括但不限于)			
目标侧	指标测算	指标拆解	实施路径	工作计划
运营侧	渠道投放	活动运营	用户运营	内容运营
资源侧	营销资源	渠道资源	权益资源	人力资源
支撑侧	产品运营	运营后台	数据能力	运营安全

从运营规划的制定方面来看，互联网企业需要先确立运营目标，再根据运营目标拟定初步的运营规划，然后在充分了解自身资源和产研支撑情况的基础上对运营规划进行修改和完善，最终确定可落地推进的运营规划。

互联网企业制定运营规划的第一步是确立运营目标，而定位"北极星指标"（North Star Metric，NSM）是互联网企业确立运营目标过程中的关键环节。北极星指标也叫"唯一关键指标"（One Metric That Matters，OMTM），是互联网企业在运营过程中需要实现的唯一重要指标。具体来说，北极星指标能够精准把握产品为用户所创造的核心价值，准确衡量产品和业务的效用，帮助互联网企业利用产品来平衡用户需求和平台经营之间的关系。互联网企业需要参照北极星指标来设立阶段性目标，明确资源配置优先级，完善运营策略，进一步细化运营方案，并科学合理地安排各项运营工作，最大限度提高各项运营资源的利用率和利用效率，充分发挥各项运营资源的应用价值。

互联网企业的平台运营目标通常涉及注册用户数、活跃用户数、平台交易额等多项内容，且每一项平台运营目标都可以进一步细化为更加明确的子目标。对互联网企业来说，实现运营规划中的所有目标难度较大，因此企业需要对各项运营目标进行筛选，找出其中最重要的一项作为"北极星指标"。

京东将商品交易总额（Gross Merchandise Volume，GMV）作为北极星指标，并将其与其他各项核心指标结合，共同发挥作用。GMV计算公式：GMV＝平台品类数量×每个品类的产品库存×每个产品页的流量×购买转化率×客单价×重复购买次数×……

由此可见，京东将GMV细化出了多项关键指标，其下属的各个部门和工作团队可以依据这些关键指标进一步细化工作,从而将各个部门和工作团队中的工作与北极星指标挂钩,确保各项运营资源发挥应有的价值。

当北极星指标被细化为诸多与之关联的关键指标时,互联网企业可以从这些关键指标出发合理规划和配置运营资源,提高资源优先级设置的科学性,进而在资源层面为梳理运营关键事项和明确运营规划方向提供支持。

1.2.2 制定增长运营规划

对互联网企业来说,不仅要明确各项与北极星指标关联的运营关键指标,还要针对这些运营关键指标进行业务规划,并通过用户运营规划、活动运营规划、渠道投放规划和内容运营规划等方式来推动各项相关业务规划落地。

用户运营规划

用户运营规划是运营整体规划中的重要环节,互联网企业在用户运营规划过程中需要借助拉新、活跃、留存、转化和传播等手段来实现获客的目标,并构建起具有正向循环特点的用户运营体系。用户运营规划的各项关键指标及对应的规划要点和主要抓手如表1-2所示:

表1-2 用户运营规划的关键指标及对应的规划要点和主要抓手

关键指标	规划要点	主要抓手
拉新	提升产品曝光度,吸引新用户完成注册并体验产品	新手礼包、免费体验等
活跃	提升用户的总体活跃度,吸引用户持续活跃	会员体系、成长体系等

续表

关键指标	规划要点	主要抓手
留存	提高用户留存率,降低用户流失率	产品功能迭代、流失预警机制等
转化	促进用户流量向业务转化	阶段性大促、满减活动等
传播	强化用户的传播和推荐意愿	拼团、裂变合伙人等

活动运营规划

活动运营规划是互联网企业落实用户运营策略和实现运营总体目标的关键环节。为了确保运营的有效性,企业需要提前利用推广、开发、策划、渠道和权益等相关运营资源来制订各项活动的开展方案。各类活动的运营规划要点和案例如表1-3所示:

表1-3 活动运营规划的规划要点和案例

活动类型	规划要点	举例
大型主题活动	对宣传资源、产品植入、创意策划及目标设定等进行综合考量,并制订活动计划	京东"618"、天猫"双十一"等
营销时点活动	制定年度营销日历,并迎合热点事件进行活动规划	春晚"抢红包"、支付宝"集五福"等
用户运营活动	围绕拉新、促活、留存、转化和裂变等不同的用户运营目标进行活动规划	老客回馈、新用户赠礼等
品牌宣传活动	以增强用户黏性、提升用户忠诚度为主要目的,规划与品牌公关和公告传播相关的活动	微信读书年度读书报告等

渠道投放规划

渠道投放规划是企业实现用户触达的重要手段,能够帮助互联网企业明确向用户推送信息的时间、地点和类别,因此企业需要充分认识到渠道投放规划的重要性,选择合适的投放渠道,并精准把握投放节奏。

在渠道的选择方面，企业应该在深入了解各个渠道的曝光度、点击量、转化率和投入产出比（Return On Investment，ROI）等信息的基础上选择用户触达渠道。一般来说，企业可选择的用户触达渠道大致可分为三种类型，分别是自有产品渠道、外部免费渠道和外部付费渠道。这三类用户触达渠道的主要特征如表1-4所示：

表1-4　用户触达渠道的主要特征

触达渠道	主要特征
自有产品渠道	企业的官网、官方旗舰店、官微、自有App等，触达方式主要有弹窗、推荐等
外部免费渠道	主要以UGC类的互联网媒体或垂直兴趣平台为主，投放和营销模式有社群等
外部付费渠道	主要包括今日头条、腾讯社交广告、百度推广等

在投放节奏的把控方面，企业应从自身运营目标出发，全方位考虑目标达成节奏、全年营销时点、渠道自身属性、投放评价数据等诸多相关因素，合理规划在各个时段、各个渠道针对不同用户群体的具体投放方案。

内容运营规划

内容运营规划是企业向用户展示自身品牌特色并提高用户活跃度和用户转化率的重要手段。互联网企业在开展内容运营规划活动时可以从内容生产、内容分发、内容评价和内容管理四个关键环节入手。具体来说，这四个关键环节的规划要点和主要抓手如表1-5所示：

表1-5　内容运营规划关键环节的规划要点和主要抓手

关键环节	规划要点	主要抓手
内容生产	针对不同用户群体的特点，挖掘对应的内容生产需求	内部、外部内容生产源

续表

关键环节	规划要点	主要抓手
内容分发	针对不同类型的内容，规划内容分发渠道	内容分发渠道
内容评价	针对内容运营的效果，规划内容评价的方式及频次	内容评价体系
内容管理	针对内容运营的关键流程，规划内容管理的总体需求	内容管理平台

1.2.3　科学规划运营资源

除确立运营目标和制定运营规划外，互联网企业的运营团队还需从营销资源、渠道资源、权益资源和人力资源方面来对各项运营资源进行科学合理的规划，同时针对自身实际需求来协调各部门，充分利用各项运营资源来落实运营规划。

营销资源

营销资源主要包括品牌推广资源、品牌投放资源、商务合作资源、公关传播资源和流量互换资源等，企业的品牌部、公关部和商务拓展部（Business Development，BD）等多个相关部门需要积极协作，共同对这些资源进行合理规划，以便明确实际需求，提升企业产品和服务的整体曝光度。

以企业的拉新为例，此类活动与营销资源的利用密不可分。企业需要在全面掌握各个相关部门的全年运营目标、全年运营节奏、拉新综合成本和目标客群画像等信息的基础上进行规划，从而为各个相关部门获取合适的营销资源提供帮助，以便最大限度地发挥各项营销资源的应用价值。

渠道资源

渠道资源可分为外部渠道资源和内部渠道资源。一般来说，企业可以综合运用外部资源和广告位、营销短信、服务短信、App推送、业务流程资源位等内部资源来实现用户触达。

对互联网企业来说，应根据运营事项、运营目标、产品所处阶段、产品用户群体、用户对各个渠道的敏感度等因素来确定自身的目标客群、触达时段和触达规模，并在此基础上对用户转化率进行预测，同时也要对各项渠道资源需求进行分析，并将这些渠道资源需求分别划分到主动渠道和被动渠道当中。具体来说，互联网企业可以利用主动渠道来配置热点营销[①]等自动化运营策略，利用被动渠道来完成各项常规活动的触达工作。

权益资源

权益资源大多与权益供应商的采购、评价、准入和淘汰等事项息息相关，是互联网企业年度运营规划和活动运营的重要组成部分。对互联网企业来说，需要在全方位考虑权益的预期投入情况的基础上来制定互联网活动运营规划。

互联网企业需要参考过去一年各类权益的ROI（投入产出比）、风险度、客诉量、客户认可度、重复进线率、客群匹配度、平均处理时长、活动种类匹配度等历史数据来厘清权益需求，并明确权益在实现各项运营目标的过程中所发挥的作用，以便针对实际运营目标来测算所需

[①]热点营销：通过制造具有"热点新闻效应"的事件，吸引媒体和社会公众的关注，从而塑造企业形象并促进产品或服务销售的手段和方式。

权益总量，进而实现对权益需求的合理规划。

人力资源

人力资源是互联网企业在落实各项运营规划的过程中不可或缺的资源，因此互联网企业需要在确立运营目标和厘清运营事项的基础上进一步明确各项运营规划的人力资源需求。具体来说，人力资源需求大致可分为运营侧需求和产研侧需求两大类。运营侧需求所对应的岗位主要包括活动运营岗、用户运营岗和内容运营岗等；产研侧需求所对应的岗位主要包括设计师、产品经理和研发工程师等。

与此同时，互联网企业还可以在已经确定各个运营岗位数量的前提下将产品、运营和研发按照一定比例（如 1∶2∶6）来估算产研侧需求的人力资源。

1.2.4　构建后端支撑体系

运营的各个环节之间紧密联系，无论哪个环节出错都会对整体造成影响。因此，企业在开展运营规划活动时不仅要明确前端的各项运营目标、运营事项和运营资源，也要厘清位于后端的产品、工具、数据和安全等问题，充分把握后端需求，并在此基础上进行合理规划。

产品运营/迭代

一般来说，经过运营的产品通常会获得关于产品功能、使用体验和应用价值的用户反馈等信息，这些信息与用户价值之间存在密切联系。因此，互联网企业需要提高运营与产品经理之间的协同性，并以这些用户反馈信息为依据制订和落实产品优化方案，不断对产品进行优化升级。

在开展产品运营规划和探索产品迭代需求之前，互联网企业应先明确产品的关键版本和排期等内容，全面掌握产品的迭代节奏，并合理安排功能类需求、运营类需求和体验类需求等不同需求的处理顺序，优化运营和产品经理之间的协作机制，加强运营与产研团队之间的交互。

运营后台

运营后台具有客群圈定、渠道选择、数据分析、达标设定、活动制作、权益配置和自动化运营等诸多功能，能够为互联网企业高效推进运营工作提供支持，同时运营后台还支持用户、数据、权益、渠道、风控、客服等多个系统之间的互联互通，能够充分保障各运营事项稳步推进。

互联网企业在对运营后台进行规划的过程中需要全方位分析近一年时间内的运营工作中出现的各项问题，加强对活动策划、活动制作、渠道选择、渠道评价、权益配置、权益优化、数据追踪、数据分析、目标用户画像、目标用户圈定、奖励门槛设定、奖励门槛升级等环节的重视，进而达到全面提高运营效率的目的。

数据能力

数据能力是互联网企业在制定和优化运营策略过程中必不可少的一项能力。一般来说，互联网企业在规划关于数据的需求时需要利用数据能力来采集、挖掘、处理和分析用户数据、渠道数据、活动数据、客诉数据和产品流程数据等多种信息数据。

从实际操作方面来看，互联网企业应按照"自下而上"的原则来规划数据相关需求：首先，厘清底层的数据采集规则、数据分析逻辑和数据看板呈现等内容；其次，进一步把握应用层的各项实际需求，如活动运营需求、用户运营需求、产品运营需求、内容运营需求等；最后，满足较为高阶的需求，如数据挖掘需求、商业智能（Business Intelligence，BI）分析需求等。

运营安全

运营安全是互联网运营的重中之重，互联网企业需要不断提升自身的安全能力，确保活动、用户、数据和平台等各个方面的安全，充分满足运营规划在安全方面的需求。

为了确保互联网运营安全，互联网企业应重点关注活动运营侧的反欺诈、防刷策略、活动运行监控和风险用户识别等内容，并厘清用户信息安全需求和数据安全需求等各项与活动运营相关的安全需求，同时安排专业的运营风控人员来落实各项运营安全保障工作。

1.3 "从0到1"搭建增长团队

1.3.1 增长团队的定义与特征

从商业发展的规律来看,追求增长是企业维持竞争优势、保持市场地位、不断实现价值创造的重要原动力。就互联网企业来说,能够实现持续高速增长往往是其具备良好发展潜力的证明,因此也更容易受到资本市场的青睐。

"增长"不仅是互联网企业要实现的重要目标,也是其业务发展的"指路明灯"。一些大型互联网企业设置专门的增长团队或聘请"增长黑客",以快速推进专项建设和业务发展,尤其对于一些创新型业务,即使企业本身缺乏运营经验,但得益于增长团队的支持,也可能在短时期内取得亮眼的成绩。

什么是增长团队?

荷兰知名教育科技企业增长部落(Growth Tribe)提出,增长团队是一个以数据驱动，有着高技能、复合型、创新型人才的团队，团队的核心目标就是在科学合理且高效的策略指导下，运用各类资源或工具，帮助公司实现客户积累和营收增长。

肖恩·埃利斯（Sean Ellis）和摩根·布朗（Morgan Brown）在《增长黑客》（*Hacking Growth*）一书中，归纳出了增长团队所具有的三个核心要素：第一，具有跨功能的特点，能够打破产品与市场之间的隔阂，使二者紧密联结；第二，基于科学的数据分析方法深入分析、了解用户行为，例如对用户行为进行充分的定性分析与定量分析；第三，产品迭代与测试方案能够迅速落实，并深入分析实践中产生的数据，进而对行动方法、方向提供有效指导。

在营销国际协会（Sales & Marketing Executives International，SMEI）发布的《用户增长知识体系指南UGBOK》（*User Growth Body of Knowledge*）一书中，对"增长专业人士"给出的定义：（该群体是）在全域场景下（包括线下和线上），基于科学的营销管理策略和数据信息技术帮助企业实现增长的复合型、创新型人才。他们的知识或技能涉及三门基础学科，具备一套增长思维模式并掌握至少两种增长实现路径。增长团队是企业经营管理职能得到创新的体现，其最终目标是高效推动用户数量和企业营收的持续增长。

领英（LinkedIn）作为一家专注于职场与社交的平台，在2008年就成立了增长团队，并积累了丰富的增长经验。

在增长团队的组建方面，如果公司规模较小，则只需要一个增长经理，而要招募的团队成员类型则取决于增长团队的具体目标和技能需求。LinkedIn的增长团队具有比较可观的规模，根据职能可以将团队成员划分为核心增长（Data Products）、数据产品（Core Growth）和国际化

（International & Segment Growth）三个大组，每个大组都有各自的核心任务。

核心增长组主要关注核心业务的运行和用户增长问题，包括如何拓展更多的用户、如何更好地为用户服务、如何引导新用户转化、如何促进产品功能完善。

数据产品组主要关注增长所需数据信息的采集、分析与处理等问题，通过数据标准化、制作数据报表等方式为增长策略的落实提供数据支撑。

国际化组主要关注国际市场开拓及产品的本地化问题，包括如何将产品进行本土优化、如何在新市场中最大程度地获取新用户等，目前LinkedIn已经进入印度、日本、德国等国家的市场，并取得了一定成绩。

在LinkedIn的增长团队中，每个大组和部门各司其职、相互配合，共同推动了LinkedIn市场占有率的快速提高。

增长团队的特征

实际上，增长团队的核心职能就是以增长目标为导向，对从宏观到微观、从发展策略制定到落实与推进的一系列业务活动进行合理干预。从现有经验来看，能够切实发挥效用的增长团队通常具备以下特征，如图1-5所示：

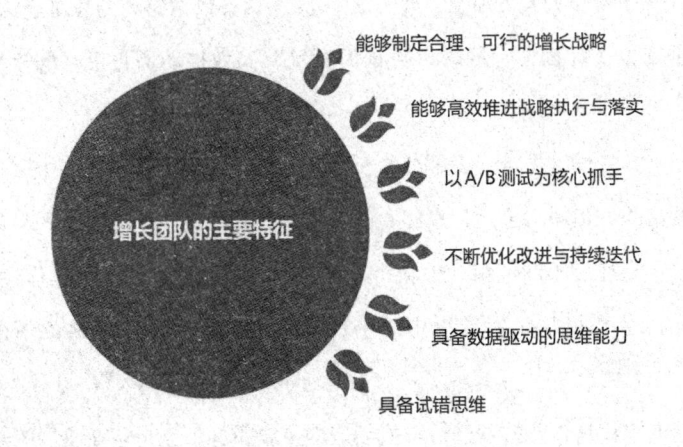

图 1-5 增长团队的主要特征

（1）能够制定合理、可行的增长战略。在对业务数据进行分析的基础上，构建业务增长模型并根据实际业务变化进行维护、优化，同时要寻找与增长目标相符的具有高性价比的增长杠杆，在此基础上制定科学的增长战略。

（2）能够高效推进战略执行与落实。结合对用户生命周期的分析，从多个角度切入寻找增长机会、推进增长战略落实，具体落实方法包括优化产品流程、活动策略或投放渠道等。

（3）以 A/B 测试为核心抓手。构建系统化、高效、具有明确评估方法的 A/B 测试体系，以用于验证增长策略的合理性。

（4）不断优化改进与持续迭代。由于业务情况、市场环境是不断变化的，因此增长策略、运营方式等也需要根据实际情况及时调整，为此增长团队需要保持比较高的敏感度，能够促进策略持续优化迭代，并取得良好的执行效果。

（5）具备数据驱动的思维能力。对业务数据、市场数据的深度挖掘是制订科学增长方案的基础,增长团队应该具备数据驱动的思维能力,以数据支撑实际操作,同时以数据为标尺,高效推动增长策略的落地执行。

(6)具备试错思维。大部分增长团队在成立初期都会经历一个试错期,试错的过程同时也是积累经验的过程,相关活动策划方案、产品设计方案只有通过不断试错、检验,才具有科学性、合理性与可操作性。增长团队要积极从试错结果中总结经验教训,促进增长策略的不断完善。

追求增长是企业持续进行价值创造的重要目标,也是企业发展的永恒主题。从根本上来说,增长是市场、用户、产品之间相互作用的结果。企业的增长情况存在固有的不确定性,增长团队并不能控制所有参与要素,因而企业即使没有专门的增长团队,也可以将增长理念落实到产品、运营、服务等各个环节,通过相关策略的有序推进,实现用户数量和企业营收的持续增长。

1.3.2 增长团队的组织架构

根据公司内部组织架构的划分,增长团队所处的位置大致可以归纳为三种类型:独立型增长团队、矩阵型增长团队和混合型增长团队。

独立型增长团队

顾名思义,独立型增长团队在公司内部的组织架构中有着较强的独立性,其职能与研发、营销等部门的职能完全独立。该类型增长团队的业务活动由VP负责,相关业务数据通常直接向CEO汇报。

独立型增长团队也可以存在层级划分，例如分为与不同增长内容模块对应的组别，包括核心数控组、获客组、用户体验组等；每个组别中的个体各司其职，其职责分别有增长交互设计、增长运营、产品研发、数据分析等。独立型增长部门虽然在组织架构上独立，但依然与各业务线有着紧密联系。

矩阵型增长团队

矩阵型增长团队中的个体通常被拆分到对应职能的各个部门，例如增长产品经理与产品VP对应，工程师与工程VP对应，在营销、数据、设计等部门也有对应的增长组成员，这些增长组成员与部门协同合作，但他们主要负责核心增长指标。

这种嵌入业务部门的增长团队组织方式，有利于团队成员对业务活动的深度参与，从而确保数据真实有效，能够切实推进增长策略的落实，而非仅仅从数据报表或机器学习模型层面进行优化建设，同时也降低了增长策略脱离实际情况的风险。

混合型增长团队

混合型增长团队兼具独立性和参与性，其组织形态部分保持独立，部分则嵌入其他职能部门。这种结构是根据增长目标要求和实际业务增长情况来确定的，通常存在于高速发展的创业公司中，当某一业务线或部门的营收或用户数量出现了高速增长时，就可以基于现实需求在组织中设置增长团队。

综上所述，这三类增长团队各有优劣，以下进行简要的对比分析，如表1-6所示：

表1-6 增长团队类型的对比

类型	优点	缺点
独立型	团队可控；速度快，效果明显	跨部门之间的摩擦激烈
矩阵型	具有敏捷性；可以覆盖多个领域	优先级互相竞争，效率较低
混合型	相对可控，兼顾平衡	组织结构模糊，优先级互相竞争

独立型增长团队具有可控性强、效率高等优点，由于各个增长职能负责人联系紧密，在任务分配、职责划分等问题上更容易协调。但独立型增长团队的缺点也比较明显，受业务活动开展方式或部门目标等方面的影响，团队容易与其他部门（如市场部门、产品部门等）产生摩擦。

矩阵型增长团队具有可覆盖领域多、响应速度快等优点，但同时需要注意平衡增长与产品、用户体验之间的关系。从产品研发团队的角度来说，保持产品核心价值、提升用户体验是主要关注点，增长则是产品优化带来的附加结果。由此可以看出，矩阵型增长团队的缺点在于部门内部与增长团队之间缺乏平衡，而且二者的优先级不易协调。

混合型增长团队在一定条件下可以兼顾上述两种增长团队的优点，但并不意味着这种增长团队模式没有缺点。比如，混合型增长团队有利于缓和部门增长团队间的矛盾，但同时也可能存在优先级不明确、组织架构模糊等问题。因此，无论对增长团队负责人还是部门管理者来说，都需要具备一定的协调能力和管理技巧。

企业要根据自身组织架构、业务运行需求、增长目标等选择合适的增长架构。就增长团队本身来说，要勇于打破传统功能性团队的界限，善于运用数据等资源驱动增长方案的制订与实施。同时，团队成员之间如果能够明确分工与职责，积极协调，紧密协作，将更有利于实现增长目标。此外，增长策略或行动获得高层领导的认可与支持则是真正实现增长的重要条件，这有助于组织结构调整、流程优化与相关资源的调用。

需要注意的是，鉴于增长策略会受到诸多不确定因素的影响，"保增长"并不是必然的，多轮试验或测试是增长团队需要面对的常态。因此，团队成员要从失败中积累经验，这才是实现增长的正确途径。另外，制定合理有效的增长体系流程，积极总结现象背后的规律和本质，也是对增长团队的基本要求。

1.3.3 增长团队的人员配置

不同企业在规模、业务类型、管理方式、组织架构模式等方面的不同，使得增长团队的规模、职责范围、人员构成等也具有差异。例如增长团队的人数可以少则四五人，也可以多至上百人，但无论如何变化，团队中一般都需要包含增长负责人、产品经理、软件工程师、营销专员、数据分析师、产品设计师等角色。

增长负责人

增长负责人即增长团队的主要领导者，在团队中起到带头和监督作用。增长负责人是增长试验流程或方案的最终确定者，下属团队成员需要向其反馈目标任务的完成情况，同时增长负责人也需要带领增长团队有序开展业务。

产品经理

公司产品研发团队的组织方式通常由研发需求和目标决定，而产品研发团队的组织方式又会影响增长团队开发人员在组织架构中的位置。

一般来说，产品经理可以作为增长团队的一员，推进、监督产品功能的开发与优化，以辅助实现研发目标和增长目标。

在初创企业中，该角色通常由创始人担任；在规模较大、发展稳定的企业中，产品管理部门又会划分出产品经理、产品总监、产品副总裁、首席产品官等不同层级，因此派驻到增长团队的"产品经理"层级具有特殊性。例如在大部分软件公司中，产品经理会加入对应产品的增长团队，成为该增长团队的一员，并向产品总负责人（通常是产品副总裁）汇报工作情况。

软件工程师

增长团队也被称为"增长黑客"，这是因为增长团队的工作基调与黑客进行软件开发、设计活动等有着共通之处，即通过技术手段解决问题。在增长团队中，能够把控产品核心功能的软件工程师无疑是"主力军"，该角色具备对海量数据信息进行有效处理的能力，因此也是增长团队中必不可少的一员。

营销专员

由于增长需求的不同，营销专员的角色有的团队没有，有的团队则有多个，可以分管不同的领域。有的担任长期职务，有的只是在短时期内灵活调配，达成目标后便离开团队。因此，营销专员在增长团队中的配置具有一定的灵活性。实际上，营销专员的参与有助于提升团队成绩。由于企业或产品的多样性，团队所需要的营销能力也各有差异。

作为一家专注于房地产行业的杂志社，英曼（Inman）的主要获客渠道、变现渠道都来自邮件营销，因此其增长团队中一直会配置邮件营销总监。与英曼不同，有的同类企业更依赖于优化搜索引擎，而优化实际上是为了更好地营销，因此营销专员的参与具有必要性。

数据分析师

对客户数据和业务数据进行收集、整理并深入分析是增长团队的必要工作。团队中的数据分析师也可以由其他部门具备专业数据分析能力的人才兼任。

该角色的基本职能是确保数据信息采集、分析的可靠性，并使得试验设计严密有效。一方面，数据分析师通过深入分析业务数据、客户数据，可以将相关参数模型融入试验设计中；另一方面，数据分析师能够及时获取试验数据，从中提取有效的结论。一个好的数据分析师能够帮助团队减少无意义的时间消耗，并将注意力集中在那些真正有价值的数据上。

产品设计师

不同行业与领域对产品设计师的职能要求各不相同。比如：在软件开发领域，产品设计师需要从用户体验出发，改善产品功能和交互性能；在媒体广告领域，产品设计师需要关注图像、推广文案是否足够吸引人；在服饰、美妆等时尚产品制造领域，产品设计师不仅要关注产品规格、潮流趋势，还要将设计理念灌注到产品中。

在增长团队中，产品设计师能够基于丰富的产品设计经验，辅助完成相关设计工作，从而高效推进相关进程，加快增长战略的落实速度。

增长团队的组织方式、规模、职责划分、具体任务和工作重心等，都是根据公司的增长需求来确定的。其工作重心可能较为宽泛，着重于某领域、某部门的业务增长；也可能十分具体，聚焦于某个产品功能的改进。其规模可能只有几个人，每个人负责多项工作；也可能有数百人，并被划分为多个组织单元。其组织属性可能是临时性的，为完成特定增长目标而成立；也可能是固定的、长期存续的，利用稳定的增长策略促进企业持续发展。

1.3.4 增长团队的运营流程

为了获得持续增长，企业需要构建系统化的增长流程，并提高增长团队的工作效率，强化增长团队的自主权，丰富团队的功能，以便及时把握增长时机，高效开展相关试验并迅速反馈结果，为产品快速迭代提供支持。

数据洞察、提出假设

企业需要提高增长团队中各个成员的参与度，鼓励成员积极思考并提出自己的意见和想法，同时对这些意见和想法进行集中整合，使其形成"点子库"。除此之外，企业的增长团队也需要围绕核心指标开展各项工作，防止出现想法难以落地实施的情况。

确定"点子库"优先级

为了提高资源利用的科学性、合理性和有效性，企业的增长团队需要根据影响力、难易度和信心值等因素对"点子库"中的创意和想法进行优先级排序。

具体来说，影响力指该想法的落地对企业当前或未来的发展所造成的影响程度。难易度指该想法的落地需要花费的资源数量和时间长度。信心值指支持该想法落地的信心和实际数据支撑情况。企业的增长团队需要根据各项因素的加权平均值来确定最终的优先级顺序。一般来说，最高优先级的想法通常具有高影响、低成本和高信心等特点。

功能实现

各个团队在各类功能特性的实现方面的规范化情况各不相同。企业的增长团队需要对各类新特性进行抽象和封装，防止出现"重复造轮子"的问题，以便确保工作效率和工作质量。同时，企业也需要进一步优化产品配置，降低研发投入和维护的成本，提高试验效率。

试验、监测、持续优化

企业可以借助数据平台来开展增长角度试验，通过对新开发产品对应的用户数据的监控和对已有产品对应的用户各项数据的对比来判断产品的优化情况。

具体来说，企业的增长团队需要先对一小部分用户开放试验，并将这些用户作为对照组，再动态监测双方的核心数据指标，提高数据监测的颗粒度，当发现对照组的数据明显高于其他用户组时，企业可以在此基础上进一步对产品进行优化升级，进而达到持续优化的目的。

全量发布、结论

企业在产品经过验证和优化升级后可以将其投放至所有用户，然后全面记录整个试验过程和各项数据，同时以邮件的方式与增长团队中的各个成员共享试验过程中的相关信息。

成员

一般来说，企业的增长团队通常包含研发、产品、设计、市场和数据分析等岗位。在部分资源缺乏的企业中，产品经理有时也需要负责数据分析等工作。在整个增长团队中，所有成员均应认同增长理念，将结果和影响力作为目标导向，实时关注产品的调整状况，同时能够接受一些非规模化的工作。不仅如此，企业增长团队中的设计人员也应根据实际情况对自身的设计方案进行调整和优化，确保工作的高效性。

对企业来说，增长团队的各个成员都需要具备成长型心态，拥有不惧失败、敢于尝试、积极实践的勇气，能够发现问题、解决问题并获取经验。

工具

企业的增长团队大多以数据为驱动力，需要充分利用数据分析工具、A/B测试工具等动态跟踪各项相关数据指标的变化情况。一般来说，处于发展初期的企业通常资金比较紧张，因此其增长团队可以使用免费数据统计平台来完成数据分析等相关工作；具备较强实力的企业，其增长团队则可以利用已有的资源来开发专属的数据指标看板和A/B测试平台等工具，以便提供数据工具层面的支持。

企业的增长团队可以借助数据平台来采集和分析用户行为数据，并从中发现增长机会，通过对实验指标变化情况的动态分析和对实验结果的处理来制定增长策略。与此同时，企业的增长团队还可以利用A/B测试工具来解放研发资源，设置或改变相关试验参数，把握试验结果中核心指标的变化情况，并在此基础上实现持续增长。

资源

在资源相对匮乏的企业中，各个部门通常需要抢夺各类资源。即便使用租借资源的方式来解决资源不足的问题，也可能会出现工作成果被改动、项目优先级排序靠后等问题，进而对增长团队的日常工作造成不利影响，因此企业需要为增长团队设置专用的研发和设计资源的流程。

企业在组建增长团队时应针对关键指标来快速推动增长，向企业各方人员展示增长团队的价值，并通过公开试验过程和数据反馈的方式来获取企业各部门的认可，以便获得各个部门的资源支持。

1.3.5 创业公司如何搭建增长团队

随着流量成本、人力成本和用户群体复杂度越来越高，市场竞争不断加剧，企业需要探索有效的方法，并从中提取出能够广泛应用的经验。对初创企业来说，为了实现增长，需要积极探索和归纳企业在各个增长阶段中的规律。

企业的CEO作为企业中负责日常事务的最高行政官员，其对增长的深入认识是企业实现增长的关键。企业的不同增长阶段如图1-6所示：

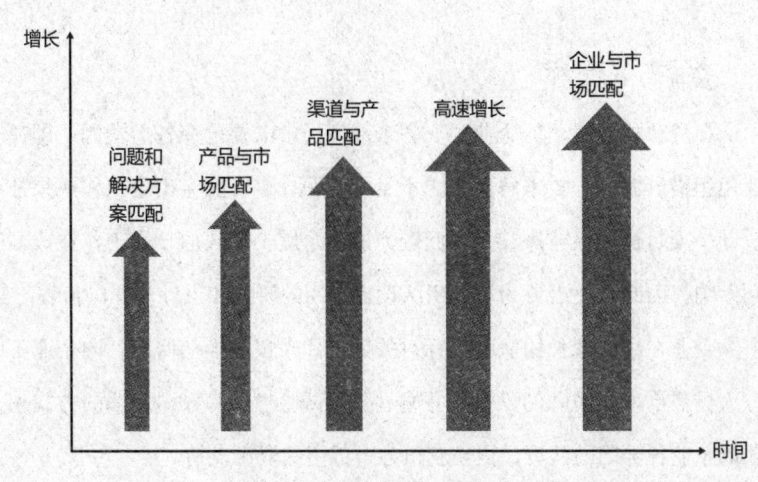

图1-6 企业的不同增长阶段

从图中可以看出，企业发展要经历以下几个阶段：

在第一个增长阶段中，企业的创始人和核心团队需要找出问题，并针对这些问题制订相应的解决方案，这一阶段被称为问题和解决方案匹配（Problem-Solution Fit，PSF）时期。

在第二个增长阶段中，创业团队需要完成基础研发工作，并将推动产品与市场之间的匹配作为首要任务，同时大力提高产品黏性，这一阶段被称为产品与市场匹配（Product-Market Fit，PMF）时期。在PMF时期，企业应加大对用户留存和用户反馈的重视程度，并将市场营销、产品研发和数据分析集成到一个岗位当中，该岗位上的负责人需要将增长作为唯一目标，同时在最大限度压缩成本、提高效率、优化效果的基础上帮助企业获得大量增长。

在第三个增长阶段中，企业需要通过反复试验、试错和评估等手段来判断各个渠道与自身产品之间的匹配度，明确各个渠道的效果，并以裂变为中心进行大规模扩张，积极借助自然流量获客等方式和投放渠道的力量来实现快速增长，这一阶段被称为渠道与产品匹配（Channel-Product Fit，CPF）时期。由此可见，企业应组建一个强大的增长团队，并安排一个兼具营销、数据分析等多项能力的专业人士作为增长团队的增长负责人。

当企业完成以上三个增长阶段的各项工作时，产品将会进入高速增长（Hyper Growth）阶段。

随着企业工作的不断推进和产品的快速发展，企业将逐渐进入企业与市场匹配（Enterprise-Market Fit，EMF）阶段。处于这一阶段的企业需要探索新的增长点，并综合运用并购和国际化等手段，集成各类复杂产品，为下一阶段实现多产品线增长、多业务线增长和多地域增长打下良好的基础。

基于以上从增长角度对企业发展阶段的分析，创业公司在从头搭建增长团队的过程中需要完成以下几项工作，如图1-7所示：

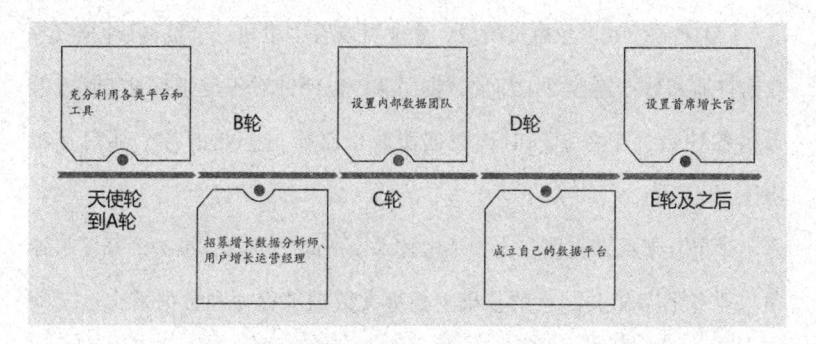

图1-7 创业公司搭建增长团队需要完成的工作

（1）天使轮到A轮。创业公司从天使投资到A轮融资的过程中，需要助力整个增长团队形成并强化增长意识。增长团队需要认识到数据的重要性，并广泛采集与市场匹配的相关数据及各项用户留存数据，同时也要不断提高自身工作的效率，合理分配时间和各项资源，将大量时间和资源投入最为重要的核心产品和核心能力的研究当中,并充分发挥各类平台和工具的作用,以便实现高速增长。

(2)B轮。在B轮融资阶段,企业大多已经发现了核心增长点和核心的产品价值点,此时的创业公司需要按部就班引入用户增长运营经理和增长数据分析师等,为自身实现高速增长提供支持。

具体来说,用户增长运营经理可以为企业寻找用户获取渠道,并针对各个渠道探索最有效的拉新方法,在优化用户增长方案的同时减少在用户增长方面的成本支出,并对方案的落地应用效果进行跟踪和评价;增长数据分析师能够根据各项数据信息来分析企业的业务发展情况,了解企业的经营状态、营收情况、获客情况和投放情况等,并借助各项相关数据来帮助企业明确产品的优化方向。业务需求是企业招募人才时的重要参考因素,企业招募人才的目的不是搭建数据团队,而是促进业务优化发展。

(3)C轮。在C轮融资阶段,企业可以着手组建一个负责数据融合、数据打通和数据连接等工作的数据团队,以便针对各类业务的实际需求提供各种数据服务,同时该数据团队也需要与企业的各个部门互相协作。

对企业来说,应该在充分考虑技术、产品、分工、维护、开发等各项与业务形态相关因素的基础上招募大数据工程师和数据平台运营师等,以便在数据层面为自身的产品维护和产品开发等工作提供支持。

(4)D轮。在D轮融资阶段,企业大多已经初具规模,需要继续投入时间和各项资源来促进增长。因此,在这一时期企业应构建专属的数据平台,招募具有专业能力的数据开发工程师,为自身的长期发展提供人才方面的支撑。

（5）E轮及之后。在E轮融资阶段及之后，企业的市场业务线已经具备了一定的复杂度，并且企业存在并购和国际化业务，因此企业需要安排首席增长官（Chief Growth Officer，CGO）来负责各项相关工作。

一般来说，CGO主要负责客户整个生命周期的价值创造和低本高效等相关工作，工作内容通常涉及财务、行政、销售、运营、市场、收购、战略、数据和产品研发等多个方面，需要对企业的发展进行全面把控。如图1-8所示：

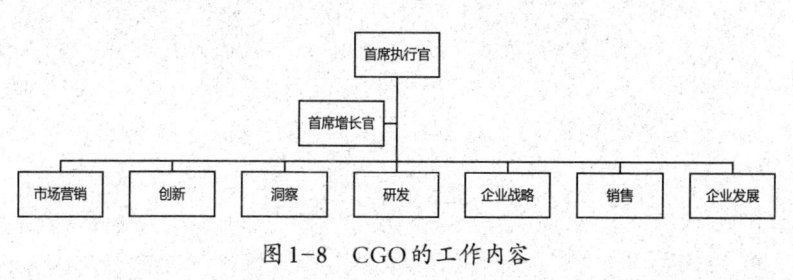

图1-8　CGO的工作内容

02 增长模型

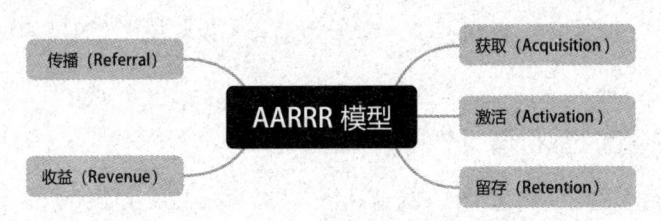

2.1 AARRR用户增长模型

2.1.1 获取:"从0到1"获取种子用户

2007年,美国著名风险投资人戴夫·麦克卢尔(Dave McClure)提出了AARRR用户增长模型。这是一种基于用户生命周期的用户增长模型,由于该模型主张通过掠夺用户来实现增长,因此也被称为"海盗模型"。

AARRR用户增长模型围绕用户生命周期展开,能够帮助企业更好地理解获取和维护用户的原理。具体来说,AARRR用户增长模型包括以下五个环节,如图2-1所示:

图2-1 AARRR用户增长模型的内容

获取(Acquisition)阶段:为用户提供购买产品的渠道,帮助企业获取客户。

激活（Activation）阶段：帮助新用户挖掘产品价值，获得良好的产品使用体验。

留存（Retention）阶段：帮助企业提高用户复购率。

收益（Revenue）阶段：帮助企业利用反复购买产品的用户来获取收益。

传播（Referral）阶段：支持用户推广产品。

用更为通俗的语言进行解释，AARRR用户增长模型期望帮助企业解决"用户从何而来""如何活跃用户""如何留存用户""如何从用户中获取收益""怎样激发用户进行口碑传播"这五个问题。其中，"获取"是产品运营的第一步，也是整个产品运营过程中至关重要的组成部分。具体来说，用户获取可以遵循以下四个步骤，如图2-2所示：

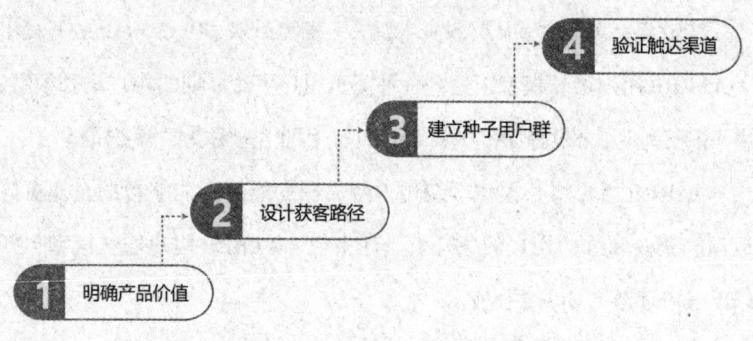

图2-2　用户获取的四个步骤

明确产品价值

运营就是以人工干预的方式在用户和产品之间建立连接渠道。对运营侧来说，可以借助限时红包、抽奖、拉新、砍价等多种运营方式来吸引用户兴趣，达到引流的目的。但站在用户的立场，其更重视产品所具有的价值，因此任何营销方式都离不开产品本身的支撑，产品价值才是留住用户的关键。

企业需要在产品上市销售之前完成各项准备工作：首先，企业需要明确产品的核心价值；其次，企业要以产品的核心价值为中心，制订具有针对性的用于获取客户的实际操作方案；再次，企业要根据用户实际需求的变化情况不断革新产品；最后，企业还要运用A/B测试工具来判断用户的敏感度，以便明确运营方向。

设计获客路径

明确产品的核心价值是企业在获取客户的过程中需要完成的第一项工作，然后，企业需要设计获客路径，找出向用户传递产品价值的渠道，吸引用户对产品产生兴趣并真正成为企业用户。

各大App的获客路径主要包括产品曝光、广告点击、App下载、用户注册等环节，产品的核心价值是产品向用户展示的重点，也是产品广告中的主要内容。以某电商平台为例，该平台将"多快好省"作为核心价值，并在广告宣传中突出，从而吸引目标用户群体。

企业在投放广告时还需要充分了解投放平台的用户特点，针对各个投放平台中不同的用户群体设计个性化的获客路径，采用符合用户群体偏好的方式来吸引客户，进而达到优化获客效果的目的。不仅如此，企业还需要定期采集和分析广告投放平台中的用户数据信息，了解用户喜好的变化情况，并根据用户数据分析结果不断优化获客路径，确保获客路径的长期有效性。

建立种子用户群

对新产品来说，建立种子用户群在产品运营当中占据着至关重要的位置。

种子用户是指新产品的第一批用户，通常这类用户既能够在深入体验产品后提出产品改进意见，帮助企业优化产品，也能发挥口碑营销的作用，部分种子用户甚至能够帮助产品实现精准获客。企业在建立种子用户群时需要根据产品性质、团队维护精力和服务器承载规模等因素来控制种子用户的数量。与此同时，企业也要设立一定的门槛。这不仅能够有效控制种子用户的数量，还能确保整个种子用户群的质量。

产品运营人员需要做好种子用户相关运营工作，整合种子用户提出的意见，并据此对产品进行优化升级。不仅如此，产品运营人员也要进一步提高种子用户对产品的忠诚度，提升产品升级和用户成长之间的同步性。

验证触达渠道

验证触达渠道是企业获取客户的最后一个环节。一般来说，触达渠道可分为以下三类。

消息触达：消息触达能够提高沉默用户的活跃度和高忠诚度用户对各项活动的参与度，具体来说，公众号图文推送、公众号模板消息、小程序模板消息、应用内消息和短信等都属于消息触达。

行为触达：行为触达就是在活动期间向正在使用应用的用户发送相应的用户行为反馈。以滴滴出行为例，在首单优惠活动期间，如果用户正在使用滴滴出行App且已进入付款界面，那么系统就可以向其推送

"开通滴滴支付享受首单优惠"的活动，鼓励用户开通滴滴支付。

裂变触达：裂变触达就是通过提供福利等方式驱使种子用户邀请其他人下载和使用产品。随着微信红包和拼多多热度的快速提高，裂变触达已经逐渐成为互联网产品获客的主要方式之一。

所有的触达渠道都必须经过验证和评价。企业可以在遵循"平均用户成本不能超过平均用户价值"这一原则的基础上根据千人成本（Cost Per Mille，CPM）、点击成本（Cost Per Click，CPC）和每次获取成本（Cost Per Acquisition，CPA）等对触达渠道进行评价，并通过成本和效果的综合分析选出适用于产品不同发展阶段的触达渠道，以便在这些渠道中投放产品广告，达到精准获客的目的。

2.1.2 激活：打造产品的 Aha Moment

《增长黑客》一书中提到了"Aha Moment"（多译为"顿悟时刻"）的概念。在用户的生命周期中，对用户的激活实际上正是在打造产品的Aha Moment。激活用户是企业提高用户留存率、获取收益和实现用户传播的前提。实际上，产品的真正用户都是经过激活的目标用户。激活是AARRR用户增长模型中的重要环节，产品若要实现用户增长就必须提高用户的激活率。

激活用户的前提

由于用户可以通过微信或支付宝授权的方式登录多种互联网产品，因此仅完成注册和登录的用户并不能被看作已激活用户。已激活用户专指已经使用过产品或体验过服务的用户，尤其是体验过产品的核心服务且体会到产品的核心价值的用户。

一般来说,能够为用户提供具有价值的产品或服务的互联网应用通常具有较高的激活率,因此企业需要围绕用户需求提升产品的核心价值。体会到产品的核心价值的用户往往十分明确地知道产品能否为自己提供帮助,进而精准判断出自己对产品的需求程度,并决定去留。比如,京东将"提供最高品质的产品和最周到的服务"作为核心价值,其已激活用户是曾在京东下单购买商品或服务的用户;滴滴出行将"方便、快捷、便宜(性价比高)的出行用车服务"作为核心价值,其已激活用户是曾使用过滴滴出行的用户。

激活用户的动力

"Aha Moment"最早由德国心理学家卡尔·布勒(Karl Bühler)在一百多年前首创,指的是个体在思考过程中所产生的一种愉悦而特殊的体验,以及对并不明朗的某个局面产生的深刻认知。这里所提到的"Aha Moment"实质上是用户发现产品的核心价值且认识到产品对自己的重要性的时刻。经历过 Aha Moment 的用户通常会对产品的功能或服务感到惊喜并建立与产品的深度联结,部分用户会积极宣传产品,在产品用户量的增长中起到促进作用。因此,企业需要在明确产品的核心价值后针对用户的实际需求专门设计 Aha Moment。

在具体操作当中,企业要先找到与 Aha Moment 相关联的行为,再促使用户在注册后产生这种行为,让用户可以通过触发 Aha Moment 的方式深刻体验到产品的功能或服务的价值,进而到达激活用户的目的。Aha Moment 与产品的核心价值密切相关。在产品运营的过程中,打造 Aha Moment 具有门槛低、体验优、价值高等特点,能够为用户体验产品的核心功能提供方便，优化用户体验，进而提升用户的忠诚度。

激活用户的路径

Aha Moment能够吸引用户体验产品的核心功能或服务，但却无法促使用户全面体验产品并认识到产品的全部价值。因此，企业需要引导用户完成各项关键行为，让用户在发生关键行为的过程中全方位了解产品，以便在尚未明确用户实际需求的前提下最大限度提高用户的激活率。

激活用户的标准

《增长黑客》一书中还提到了Magic Number，并以知名社交平台Twitter和Facebook为例进行说明。

> Twitter通过对用户行为进行分析发现，如果一个新注册用户在注册10天内能够关注超过30个博主，那么该用户的留存率就较为理想；Facebook通过对用户行为进行分析发现，如果一个新注册用户在注册10天内能够主动添加超过7个好友，那么该用户后续的留存率也比较高。这里的"30"和"7"即对应的Magic Number。

Magic Number的存在使得企业的用户运营和产品设计等均具有较强的针对性，而其也反映了用户行为与留存率之间的关系。在企业的运营中，可以按照如图2-3所示的步骤确定Magic Number。

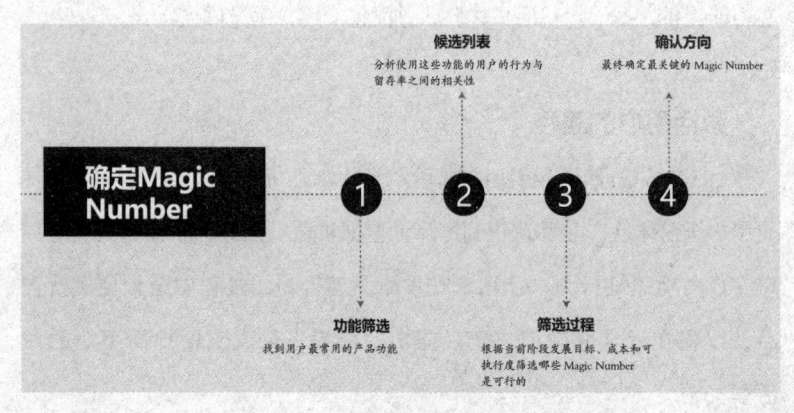

图 2-3　企业确定 Magic Number 的步骤

微博用户在发布微博时只能体验到部分功能，若要真正体验到微博的核心价值，用户还需关注 N 个博主，并通过浏览这些博主发布的内容来获取信息。因此，对微博来说，需要让用户感受到大量信息流，实现随时随地发现新鲜事，进而真正实现用户激活，也只有这种有价值的用户激活才能将用户转化成长期使用产品的忠实用户。

"N"就是微博激活用户的 Magic Number，是微博引导用户成为忠实用户的关键，是产品的"可行动指标"。通过关注 N 个博主，用户能够更为深刻地体会到微博的产品价值。

在具体操作方面，企业需要采集、分析和对比大量用户数据，深入挖掘用户的行为信息，明确用户产生各项行为的根本原因，并找到这些原因与产品的核心价值之间的联系，进而在此基础上有针对性地设定 Magic Number。

需关注的激活数据

除以上提到的内容外，企业在激活目标用户的过程中，还要重点关注以下几项数据。

激活率：指已经体验过产品核心功能的用户在所有注册用户中所占的比例，其中能够明确产品的核心功能是已激活用户的重要衡量指标。

激活花费时长：指从用户接触产品到用户被激活的时间，该项数据能够反映用户激活的效果。

日活跃用户数/月活跃用户数：不同类型的产品该类指标可能存在一定的差异，但这两项数据均能够反映出产品的用户黏性和激活效果；

用户日均使用时长（Daily Average Online Time，DAOT）：指用户每天在线的时间，该项数据能够体现产品的用户黏性。

综上所述，产品的核心功能是否能够打动用户是决定用户能否被激活的关键。对企业来说，产品的升级迭代需要顺应用户实际需求的变化，因此企业必须不断挖掘用户需求，并据此调整产品的核心价值，推动产品实现阶梯式增长，进而确保用户长期留存，打造高质量的用户群体并从中获取利益。

2.1.3 留存："5W1H"精细化运营分析

"留存"（Retention）是AARRR用户增长模型中的关键一环，这一环节的完成效果关系到产品的用户黏性，是后续"收益"（Revenue）环节顺利进行的重要基础。"留存"也是用户对产品核心价值认可度和企业运营能力的衡量标准。用户认可产品后，企业还要通过各种运营手段，将用户纳入产品生态，为后续持续获得"收益"创造条件。以下我们将用"5W1H"分析法[①]对用户留存问题进行阐述。

What：何为"留存"

在互联网行业中，一般将持续使用某款产品的老用户称为"留存用户"，留存时间一般从安装或注册应用的第二天算起。企业在评估用户留存状态时，往往会引入"留存率"和"第n日留存"等统计指标。

留存率：是指某统计周期内登录用户量占该周期新增用户量的比例。其中，登录用户是指至少登录过一次的用户，统计周期可以是日、周或月等。留存率的计算公式为：留存率＝新增用户中登录用户量/新增用户量×100%。

"第n日留存"：是指从某一个时间点开始，到第n日依然登录的用户量占新增用户量的比例。

Why：为何要提高留存率

提高用户留存率对企业发展有着重要意义。通常情况下，拓展新客户所花费的成本可能是维护老客户成本的数倍，而随着老用户对产品认可度的提升，他们还会主动将产品推荐给其他人。

《忠诚法则》一书的作者弗雷德里克·F.赖克尔（Fredrick F. Reichheld）在对企业的研究中发现：客户留存率每提高5%，能够为企业带来的利润就会提高25%～95%。由此看出，老用户的持续

[①] "5W1H"分析法：也叫六何分析法，具体指的是从原因（何因Why）、对象（何事What）、地点（何地Where）、时间（何时When）、人员（何人Who）、方法（何法How）六个方面分析问题。

留存有助于降低获客成本，并为企业带来收益增长。

AARRR用户增长模型中的"获取"和"激活"环节都是以"留存"为直接目标的。随着互联网流量红利增速放缓，单纯的新用户增长已不足以维持企业的盈利水平，因此企业有必要将运营重点转向用户留存，以获得持续、稳定的收益。此外，留存率是用户对产品认可度和依赖度的直观反映，如果留存率低，企业需要寻找原因，并促进产品改进和迭代。

When：何时是留存的黄金时刻

产品所具有的核心价值是促使用户持续留存的主要原因之一，而用户发现或体验到产品核心价值的时刻——Aha Moment，就是留存用户的最佳时刻。企业进行"获取""激活""留存"等活动，也都是在为这一时刻做准备。简而言之，如果用户在使用产品时能够发自内心地夸赞产品，就意味着用户大概率能够持续留存。

Who：留存哪些用户

在"激活"完成后，用户就正式成为产品的新用户，但并不是所有新用户都会成为留存用户。从用户对产品的使用频率来看，新用户中的消极用户、核心用户和超级用户都值得企业关注。

消极用户：以自己的方式使用产品（即使没有体现出产品真正的使用价值），并能够保持一定的使用频率，例如在滴滴出行App上使用其"青桔骑行"功能的用户。

核心用户：以正常的频率使用产品，使产品体现出主要使用价值，例如能够保持一定频率使用滴滴出行App打车的用户。

超级用户：保持较高的使用频率，且对产品"物尽其用"，使其大部分功能（甚至是边缘功能）的使用价值得到凸显，例如能够熟练应用滴滴出行App的打车、代驾、导航等各种功能的用户。

以上三种用户是企业发展留存用户的主要目标群体，其使用频率的提高，可以为企业持续创造收益。对消极用户而言，企业可以通过多种运营手段促使他们向核心用户乃至超级用户转化。

Where：将用户留存在哪儿

这一问题看似抽象，实际上主要解决客户数据信息的保存和整理问题。对传统行业来说，会员系统是留存用户的最主要场景。而对公众号、小程序、App等数字化应用产品来说，用户正是留存在这些产品的系统中，后台运营人员可以对用户的使用频率、消费情况等关键行为进行分析，通过底层逻辑算法制订适合不同用户群体的运营活动方案，使用户在现有场景中的关键行为得到强化，并引导用户体验更多的产品和服务。

How：如何留存用户

针对不同类型的用户，采取的留存策略也是不同的。但从根本上说，影响用户留存的主要因素还是产品和服务。在产品方面，产品的性能、质量、操作难易程度、功能是否全面等，都是产品价值的体现；在服务方面，售前服务、维保服务等均可以提升用户的认可度，增强用户黏性，促使用户持续存留。

（1）促进产品完善。

产品是企业的核心竞争力。产品是否能够为用户带来足够大的价值决定了用户是否持续留存，而产品的使用体验是用户评价产品的重要方面。因此，企业必须努力改进和完善产品，确保产品得到用户积极正向的评价。

（2）推出日常促活功能。

该功能的主要目的是培养用户的日常使用习惯，从整体上提升用户活跃度，从而使其逐渐转化为可以获得"收益"的流量。这些功能包括每日答题、每日签到、每日打卡分享等，企业通过相关活动的信息推送，可以吸引用户体验更多功能服务。

（3）建立用户成长机制。

该机制需要围绕用户的关键行为来建立，比如，为用户设定某些日常"任务"，当用户完成的"任务"达到一定次数时，就给予"升级"奖励，包括成就勋章或头衔、积分等级、特定权益等。在用户成长机制中，成长值越高的用户将获得更多的权益，由此可以培养用户与产品间的正向循环关系，从而促进用户深度留存。

（4）强化用户投入。

基本方法是将用户对产品核心功能的使用情况进行量化，通过小组排名或社群排名机制激励用户在产品上加大投入，促使用户对产品产生依赖，从而实现留存。量化指标包括消耗时间等，例如扇贝单词App能够统计用户每日记忆的单词量、是否完成每日任务、背单词时长、错误单词笔记等。

（5）重视用户反馈与评价。

用户在使用产品的过程中，可能会遇到各种各样的问题，这可能是由系统bug、产品功能缺失、方案设计不合理等因素导致的。因此，需要建立完善的用户反馈机制，通过电话、微信、应用内功能等多种途径与用户进行交互,及时解决用户问题,避免因沟通不畅导致用户流失。

(6)挽留预流失用户。

"预流失"主要是指用户使用产品一段时间后,可能由多种因素导致其活跃度下降、登录频率降低、长时间不再使用等。针对此类用户,可以基于其关键行为进行强引导,通过专项活动运营、大额优惠券发放、积分兑换等营销方法,使用户以较低的成本获得较好的体验效果,从而重新激发用户的使用热情。需要注意的是,企业采取相关挽留行为需要选择适当的时机,同时可能需要适度加大对该用户的投入。

(7)召回流失用户。

在产品运营过程中,用户流失是企业不得不面对的问题,导致这一问题的原因很多,包括:用户个人因素,例如用户需求消失;市场环境因素,例如出现了更好的竞品;产品本身的因素,例如功能无法满足用户需求、交互体验差等。企业可以通过分析流失用户与活跃用户之间关键行为的差异,找出用户流失的原因,并制定相应的召回策略。

在召回流失用户时,企业尤其需要重视市场环境因素和产品本身的因素,通过不断促进产品功能完善,使产品在市场中维持竞争优势,提升用户与产品的交互体验。同时,企业需要对流失用户进行长期关注和研究,时刻为其敞开"回家的大门"。

2.1.4 收益:找到产品的盈利路径

一款产品如果要长久地存续下去,必然需要源源不断的资金支持,而资金的来源主要有两种:一是产品本身有一定的变现能力,能够带来良性的资金循环;二是企业的商业模式能够吸引资本来"续命"。在互联网产业中，大部分产品在发展初期盈利能力往往不强，需要借助资本来积累用户、拓展市场。当企业发展到一定规模后，则需要找到一种可持续的盈利模式。

用户变现策略

根据用户使用产品的深入程度，我们将其所处时期分为五个阶段——导入期、成长期、成熟期、休眠期和流失期，这就是所谓的"用户生命周期"。在AARRR用户增长模型的"收益"（Revenue）环节中，需要着重关注处于前三阶段的用户，也就是新用户、成长用户和成熟用户。

根据用户的消费意识和消费习惯，可以将用户划分为免费用户、普通付费用户和优质付费用户三类。企业也需要根据不同的用户群体制定与之相适应的变现策略。

（1）免费用户。该用户群体虽然几乎没有付费行为，但往往有着较高的活跃度。产品在刚上市或新用户"入驻"的一段时期内，企业大多通过免费试用等策略来吸引用户，这可以为用户的转化奠定基础。

就国内的市场环境来说，大多数互联网用户都习惯了免费使用各种产品和服务，而产品和服务提供商为了获得更多用户流量，也会在相当长的一段时间内执行免费策略，因此要使此类用户转化为付费用户并不容易。不过，免费用户仍然可以给企业带来庞大的流量，并使得企业通过广告、引流等方式实现流量变现。

（2）普通付费用户。该用户群体本身具有一定的消费意识，不排斥在应用中购买付费服务。针对此类用户，企业可以通过一定的运营手段培养其消费习惯，例如发放红包、推出优惠活动等，凸显付费服务的优势，以促使用户逐渐提高消费频次和消费金额，逐渐向优质付费用户转化。

（3）优质付费用户。该群体通常具有较强的消费意识和消费能力，为了体验更好的产品和服务，在应用中会产生频繁的消费行为，因此这部分用户是企业需要重点关注的头部用户。相应地，此类用户也会对产品和服务提出更高的要求，而产品团队的任务就是根据用户的评价反馈不断完善产品、提升服务质量，以满足用户的需求，甚至为用户提供高度定制化、个性化的产品和服务模式，使用户感受到与"高消费"相匹配的"高回报"。

获取收益模式

消费互联网产业的发展催生了多样化的变现模式，以下将对部分主流的变现模式进行探讨。

（1）会员变现。

会员模式是各大互联网平台最主流的变现模式之一。用户通过充值或购买付费服务成为会员后，往往可以获得额外的增值服务。在有的平台上，会员分为不同等级，等级越高通常意味着消费金额越高，能够得到的增值服务越多，对活跃度高的用户来说，其"收益"是大于所支付成本的。对运营商而言，会员模式有助于筛选并定位那些能够真正为平台带来收益的用户，从而制定多样化的运营策略，更好地为用户服务。

值得一提的是，运营商需要确保所设定的会员机制是公平合理的，即不论是普通用户、初级会员还是高级会员，都可以有良好的使用体验。一般来说，会员的付费金额和权益呈正相关，但企业应该尽可能确保普通用户也能够享受到产品的核心功能和大部分服务。

2012年上线的多功能笔记类应用"印象笔记",在其App中详细列出了会员权益说明,以便用户根据自身需求进行选择,这不仅有助于提高用户的活跃度,还能够刺激用户在一定需求的驱动下转化为付费用户。

(2)广告变现。

广告变现是产品实现可持续增值的重要途径。当产品积累了一定的用户量时,运营商可以在不影响用户体验的基础上,引入适当的广告投放策略。广告形式可以包括信息流、特定广告位、直播带货、链接引流等。

广告变现是一种以用户流量为基础,使用户流量的潜在价值向实际收益转化的变现模式,具有受众精准、用户受干扰程度低、收益高等优势。运营商投放广告时需要综合用户活跃时间段、用户活跃场景、用户使用习惯等多方面因素,将产品推送给真正有需求的用户,从而达到较好的推广效果。

(3)数据变现。

数据变现与广告变现有相通之处,都是以用户数据为基础,但二者对用户数据潜在价值的应用方向不同,数据变现更侧重于挖掘用户具体行为数据的价值。具体来说,就是运营商对用户在使用相关产品和服务过程中产生的数据进行二次开发,通过脱敏、过滤、整合等方式使其形成合规的、可利用的数据资源。

根据相关数据,平台可以刻画出较为精准、全面的用户画像,在此基础上进行用户需求分析,并制订出合理的产品服务方案,从而充分挖掘用户的潜在价值,进一步促进用户转化。此外,用户数据也可以被转让给有关机构,从而实现数据变现,例如反欺诈平台的黑名单数据等。

需关注的收益指标

在评估"收益"成效时，通常可以参考以下指标。

（1）用户付费率：即活跃用户总量中付费用户的占比，这是评估产品付费功能是否能够真正满足用户需求的重要参考。

（2）二次付费率：付费用户中产生多次（含二次及以上）付费行为的用户占比。它可以衡量产品的付费模块是否对用户产生了正向的或可持续增长的价值。

（3）客户终生价值（Life Time Value, LTV）：指企业在用户的整个生命周期中获得的全部经济收益。它是评估产品可获得收益规模的重要参考指标。

（4）每用户平均收入（Average Revenue Per User, ARPU）：主要与一段时期内获得的总收益和活跃用户量相关。在活跃用户中，中高端用户或优质付费用户比重越大，越有可能实现ARPU的增长。

（5）每付费用户平均收入（Average Revenue Per Paying User, ARPPU）：指运营商取自每付费用户的平均收益，一般来说，优质付费用户越多，ARPPU也就越高。

2.1.5 传播：实现产品的病毒式增长

AARRR用户增长模型中的"获取""激活""留存""收益"和"传播"均有助于提高企业用户增长的速度和质量，其中"传播"环节是企业推动产品实现大规模用户增长的重要阶段。为了提高产品的传播能力，企业需要依次完成三项工作，分别是建设传播基础、推动用户自主传播和增强产品的传播转化能力。

产品传播的基础

企业在建设传播基础时既要确保产品有价值，也要提高产品分享传播的便捷性。

（1）产品要有价值。只有有价值的产品才能够满足用户的需求，帮助用户解决问题，进而留住用户，实现用户增长。例如，支付宝能够满足用户线上支付的需求，帮助用户解决线上收付款等多种问题；微信能够满足用户线上社交的需求，帮助用户解决在线沟通方面的问题；拼多多能够满足用户低价购物的需求，帮助用户解决消费方面的问题。

（2）便捷的分享传播途径。企业在打通主流平台中的分享渠道的同时也要简化产品的分享方式，从产品本身入手降低产品分享传播的难度，为产品实现大规模分享传播奠定基础。

用户自主传播

企业可以从话题、从众、参与、情绪和超预期五个关键词入手增强产品对用户的吸引力，引导用户主动分享产品，进而达到产品广泛传播的目的。

（1）话题。企业可以通过打造热点话题来传播产品。从具体操作方面来看，企业需要先建立与产品相关的话题；再提升话题的热度，促使与产品相关的话题成为实时热点话题；最后借助话题来吸引用户兴趣，促使用户主动分享传播产品。例如，自2016年开始的"支付宝集五福"活动。

（2）从众。企业可以提升产品的话题性，并利用从众心理引导用户自主传播产品，进而提高产品的传播效率，优化产品传播效果。

（3）参与。企业可以通过沉淀用户的方式引导用户分享自己参与活动或使用产品时的体验，这个沉淀用户并引导用户自主传播的过程就是"参与"。比如，人们在亲手制作（Do It Yourself，DIY）物品的过程中会付出一定的时间、精力和情感，因此也会倾向于积极展示自己完成的作品，与他人分享自己的成果。

（4）情绪。企业可以通过情绪引导的方式来强化用户的分享欲，调动用户的分享积极性，为用户分享传播产品提供驱动力。例如，在"王者荣耀"游戏中达到"王者"段位的用户在获得比较强成就感的同时也会积极分享游戏；使用网易云音乐App听歌的用户可能会在受到触动时分享歌曲链接，进而起到传播网易云音乐App的效果。

（5）超预期。超预期指产品超出用户的心理预期。企业可以借助超预期来促使用户积极分享产品。例如，在饮料销售中设置"再来一瓶"的活动，当消费者购买饮料且中奖时就会出现超预期的心理，此时用户会乐于分享活动，从而对该饮料起到宣传作用。

传播转化

除传播外，产品实现用户增长的过程中还离不开用户转化，因此企业需要探索用户转化的有效方式，以便留住在传播阶段吸引到的用户。具体来说，企业可以从"可读性""互动"和"注意力"三个关键词入手推进传播转化工作。

（1）可读性。企业应提高产品相关内容的可读性和传播内容中信息点的全面性，降低传播内容的理解难度和接受门槛。在实际操作过程中，企业可以选择以图表、视频等更加直观的展示方式来向用户呈现产品相关内容，为用户了解产品提供方便，同时也可以根据实际情况为产品搭配简单易懂的文案，进一步提高产品传播内容的可读性。

（2）互动。互动指传播用户与被传播用户之间的交流。对企业来说，要为传播用户提供与被传播用户沟通交流的渠道和契机，协同传播用户将传播内容精准地传递给被传播用户，进而引导被传播用户注册并使用产品。以拼多多的"砍一刀"活动为例，这种分享传播方式既能够借助降价、红包等利益有效驱动传播用户自主传播，也能够为被传播用户提供与传播用户同样的利益，引导被传播用户也加入分享传播的行列当中。

（3）注意力。随着信息时代的到来，用户每天接收的信息数量迅速增加，缺乏吸引力的产品已经无法得到人们的关注，因此产品本身和产品的分享传播内容都应具备有效吸引用户注意力的作用，并为实现用户转化提供助力。

2.2 RFM用户分层模型

2.2.1 RFM模型：识别高价值的用户

当企业经营的产品或服务不止一种时，其运营便会遵循一种底层逻辑：围绕目标用户群体，根据其需求的不同对用户进行细分，从而提供具有差异化的产品或服务，有针对性地推动用户的增长。上述的底层逻辑即"用户分层"。对"用户分层"的含义进行梳理，根据用户某个或某些维度的特征，可以将企业的目标用户划分为不同的用户群。为了最大化地满足细分用户群的需求，实现其对企业成长的价值，企业可以制定与用户特征契合的产品运营策略。

对企业来说，采用"用户分层"策略一方面能够有效减少营销资源的浪费，有利于实现资源优化配置，另一方面能够针对用户需求进行精细化运营，有利于提高用户的留存率和转化率。因此，为了更好地进行用户分层，识别高价值的用户，首先需要了解RFM模型。

RFM模型的概念与原理

企业进行用户分层不能只依赖已有经验和主观判断,这样的分层方式是失之偏颇、不够科学的。RFM模型作为常用的用户分层模型,有利于企业准确地判断用户的需求和价值,精准地从用户群体中筛选出优质客户,科学地进行用户分层,从而为企业后续营销策略的制定打下良好的基础。

RFM模型中用于判断用户价值的指标包括以下三项。

R(Recency):中文直译为"新近、最近",指的是用户最近一次交易与现在的时间间隔。对大部分企业而言,此处采用的时间单位为"天"。理论上来看,R的数值越小,代表用户与企业产生交易行为的时间间隔越短,用户的交易活跃度越高;R的数值越大,代表用户与企业产生交易行为的时间间隔越长,用户的交易活跃度越低。但为了便于后续的计算和分析,通常会对R的数值进行重新定义,将更短的间隔时间赋予更大的R值。

F(Frequency):中文直译为"频率、频次",指的是用户在一定的时间段内与企业产生交易行为的次数。也就是说,F的数值越小,代表该时间段内用户与企业产生交易行为的频率越低,用户的忠诚度越低;F的数值越大,代表该时间段内用户与企业产生交易行为的频率越高,用户的忠诚度越高。

M(Monetary):中文直译为"货币的",指的是用户在一定的时间段内与企业产生交易的累计金额。也就是说,M的数值越小,代表该时间段内用户与企业产生交易的金额越小,用户的资金能力越弱;M的数值越大,代表该时间段内用户与企业产生交易的金额越大,用户的资金能力越强。

综合以上三个指标,能够较为精准地反映用户与企业之间关联的紧密度,从而判断出用户能够为企业带来的价值。由于每个指标都有高低两个走向,因此对其进行组合即能够得到8种不同的结果。因此,我们就可以以R、F、M的数值走向为坐标轴,得出RFM模型。如图2-4所示:

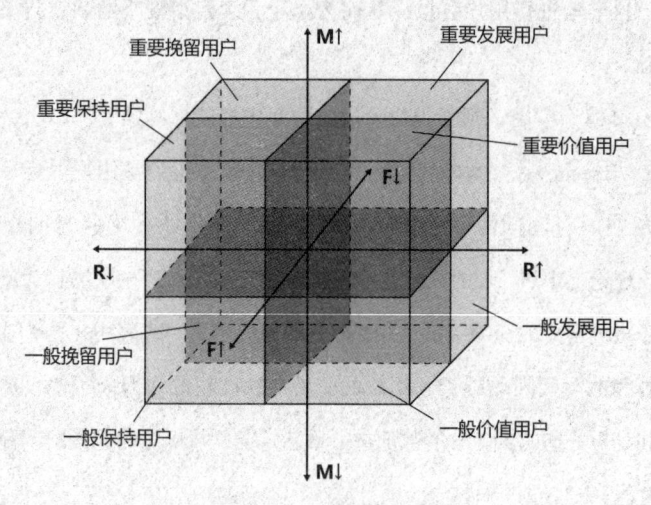

图2-4 RFM模型

对RFM模型中用户的类别进行分析,如表2-1所示:

表2-1 用户分类规则

用户分类	R值	F值	M值
重要价值用户	大	大	大
重要发展用户	大	小	大
重要保持用户	小	大	大
重要挽留用户	小	小	大
一般价值用户	大	大	小
一般发展用户	大	小	小

续表

用户分类	R值	F值	M值
一般保持用户	小	大	小
一般挽留用户	小	小	小

RFM模型的分层规则

从RFM模型中可以看出，用户分类的标准为R值、F值和M值的大小。那么，它们的大小又是被如何比较和界定的呢？根据企业业务以及运营等方面要求的不同，R值、F值和M值大小的确定可以采取以下几种方法。

（1）平均值法。以R值的大小的判断为例，对平均值法的操作步骤进行介绍。

第一步：计算某位用户的R值。

第二步：计算所有用户的R值平均值。

第三步：将该用户的R值与所有用户的R值平均值进行比较，根据比较的结果界定该用户的R值大小。

（2）"二八"原则法。在应用过程中，"二八"原则法的操作步骤与上述平均值法的操作步骤类似，但需要注意的是划分的界限为20%：80%。也就是说，当用户的对应数值位于所有用户数值范围的前20%时代表用户的数值较大。比如，某企业在近一个月内80%累计交易金额不超过5000元，那么若用户在此段时间内的累计交易金额超过5000元，其M值则为大。

（3）记分法。以R值的大小的判断为例，以下对记分法的操作步骤进行介绍。

第一步：根据企业的具体业务和运营情况对R值的打分标准进行定

义。比如，如果用户最近一次与企业发生交易行为的时间在10天内，那么界定R值为5；如果用户最近一次与企业发生交易行为的时间在20天内，那么界定R值为4……每当天数增加10，那么R值减少1，以此类推。

第二步：参照既定的打分标准对用户的R值进行打分。比如，用户最近一次与企业发生交易行为的时间为28天，那么其对应的R值为3。

第三步：参照既定的打分标准对所有用户的R值进行打分，并算出平均分。比如，所有用户的R值平均分为2.8。

第四步：将用户的R值与所有用户R值的平均分进行对照，从而判断用户R值的大小。比如，上述用户的R值为3，大于所有用户R值的平均分2.8，那么该用户的R值为大。

2.2.2 RFM模型的构建流程

在具体的运营过程中，企业需要基于自身的实际情况构建对应的RFM模型。总的来看，RFM模型的构建流程主要包括两个步骤：计算R、F、M数值和根据阈值对用户进行分类。

计算R、F、M数值

要计算R、F、M数值，首先应该获得相关目标用户的部分个人信息和消费信息。比如，用户在企业客户系统中留存的姓名、昵称或ID等，用户在对应时间段内与企业发生交易行为的频次以及具体的交易金额等。

在企业A的客户系统中，客户甲上次发生交易行为的时间为5天前，在最近一个月内其一共在企业发生3次交易行为，累计金额为600元；客户乙上次发生交易行为的时间为10天前，在最近一个月内其一共在企业发生2次交易行为，累计金额为400元。那么，根据企业定义的打分标准，就可以分别计算出客户甲和客户乙的R、F、M数值。

根据阈值对用户进行分类

"阈值"这一概念被广泛应用于多个领域，也称为"临界值"，指的是能够引发某种效应的最低或最高数值。在RFM模型的构建流程中，阈值可以用于对R、F、M数值的标记以及对用户进行分类，具体步骤如下。

（1）定义R、F、M的数值。

在企业的运营实践中，由于R、F、M的原始数值可能比较分散，直接使用容易造成误差，因此可以根据企业的业务类型等因素定义R、F、M的数值，按照如表2-2所示的方式进行定义。

表2-2　定义R、F、M数值示例

数值	R的原始数值	F的原始数值	M的原始数值
1	4～5个月	1次	1000元内
2	3～4个月	2次	1001～2000元
3	2～3个月	3次	2001～3000元
4	1～2个月	4次	3001～4000元
5	1个月内	5次	4001～5000元

（2）计算数值的平均值。

定义R、F、M的数值后，便可以将原始数据转换为相应的数值，并计算R、F、M数值的平均值。

（3）用户分类。

将客户对应的R、F、M数值与平均值进行对照，便能够判断其数值的大小。然后将客户R、F、M数值的大小情况代入如前所述的用户分类规则表，就能够准确界定用户的类别。

这两个步骤便是企业通用的RFM模型的构建流程。当企业的客户数据量比较大时，也可以不必重新定义R、F、M数值，而直接使用原始数值。不过，虽然这种计算方式更为简洁，但由于极大值和极小值的存在，会造成用户分类偏差。当然，为了避免这种偏差，也可以用中位数代替平均数来表示阈值，但中位数的计算也容易受数据的分布状态影响，从而也可能造成用户分类偏差。

2.2.3 基于RFM模型的会员体系

当企业根据自身的业务特点和运营情况构建专属的RFM模型后，便能够搭建会员体系，从而针对不同等级的用户为其提供具有针对性、差异化的运营策略，整体提高用户的留存率、活跃度和购买率。

以企业购物App的运营为例，用户与企业的关联度从低到高依次为注册账号、查看商品、下单购买、回购，而根据用户的行为就可以相应将用户划分为新用户、意向用户、付费用户、忠实用户。如图2-5所示：

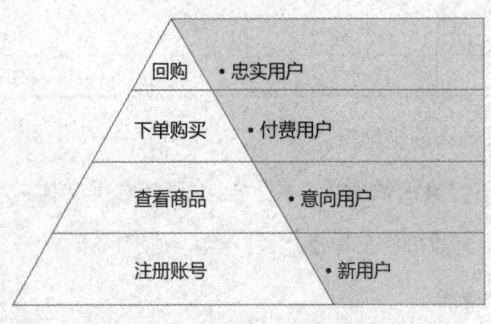

图2-5 用户的行为与类型

由此，用户群体便不再是一个无差别的整体，企业也不能使用一成不变的方案对待所有用户，而需要针对用户所处的层级采取有针对性的运营策略，即进行用户分层运营。由于企业的运营资源是有限的，因此为了最大化发挥用户的价值，就需要明确不同等级用户的价值，并在此基础上合理分配运营资源。

Step 1：挖掘用户权益

在企业运营的过程中，通常用户等级不同，企业为其提供的权益和服务也具有差异，而且较高等级的用户能够获得的权益往往高于较低等级的用户。但需要说明的是，企业能够提供的用户权益是从无到有、自少增多的，在这个过程中，就需要企业的运营人员基于自身的业务特点和用户需求挖掘用户权益，并增强用户权益的吸引力。

Step 2：设计等级标准

企业构建会员体系，就需要对用户的等级进行划分。至于究竟需要划分多少等级、等级的标准又该是怎样的，可以从以下两方面入手。

其一，平台能够提供的用户权益。一般情况下，平台能够提供的用户权益越多，就可以将用户划分为越多等级。

其二，与RFM模型相关的数值。比如以M（一定时间段内用户的累计消费金额）为例，如果消费金额可以被划分为更多区间，那么就可以将用户划分为更多等级。

Step 3：设置等级有效期

由于用户与企业相关的消费行为并不是固定不变的，而是能够随着时间的变化而发生改变,因此用户的等级也不应保持不变。在企业构建的基于RFM模型的会员体系中,等级有效期的最长周期应该等于RFM模型中R的最大值所代表的时间。

Step 4:计算RFM成长值

基于RFM模型构建会员体系至关重要的一步在于计算RFM成长值。用户的RFM成长值需要综合R、F、M三个维度。需要注意的是,R的界定需要基于会员等级有效期的时长。

举例说明,当会员等级有效期为30天时,基于RFM模型的成长值标准如表2-3所示:

表2-3 基于RFM模型的成长值标准示例

最近一次交易的时间间隔(R)	交易频次(F)	累计交易金额(M)		
		5000元内	5001~10000元	10000元以上
10天内	1次	200	400	600
	2次	400	700	1000
	2次以上	800	1200	1500
11~20天	1次	150	300	500
	2次	250	400	800
	2次以上	400	600	1000
21~30天	1次	100	200	300
	2次	200	300	400
	2次以上	300	500	600

如果客户甲在会员等级有效期的第5天内消费2次,累计交易金额为800元;在会员等级有效期的第15天消费1次,累计交易金额为6000元;在会员等级有效期的第23天消费3次,累计交易金额为20000元。

那么，依据上表所示的基于RFM模型的成长值标准，客户甲的成长值为：400+300+600＝1300。将客户甲的成长值与会员成长值等级区间进行对照便能够判断出其所属的会员等级。

需要注意的是，企业在构建会员体系的实践过程中切忌生搬硬套，务必根据自身的业务特点以及使用场景等对成长值、会员等级以及会员权益进行设置，从而为发挥会员价值奠定良好的基础。除RFM模型之外，企业在构建会员体系时也可以将用户在线上平台的评论、推荐、分享等行为纳入考量，从而进一步提高用户的留存率和忠实度。

2.2.4 RFM模型在门店管理中的应用

RFM模型能够用于企业对用户的分层，并构建合理的会员体系，从而有利于企业实现精准营销。不过，从企业的立场来看，健康的会员体系不仅应该是流动的，而且应该呈现正向的流动。接下来我们以门店管理为例，介绍RFM模型中数值提升的策略。

R值的提升策略

前面我们已经讲到，R的原始数值越小，则代表用户最近一次与企业发生交易的时间越短，也即用户的活跃度越高。但在实际使用RFM模型时，通常会对R的数值进行重新定义，使得R的数值与用户的活跃度呈正相关。

在门店管理中，影响R值的因素主要包括：

（1）记忆强度。即用户对门店印象的深刻程度，如门店的装饰风格、工作人员的服务特点等均能够在一定程度上影响用户对门店的记忆强度。用户对门店的记忆越强,那么R值也会越大。

(2)接触机会。即用户与门店接触的频次,如门店的位置、常用的宣传策略等均能够在一定程度上影响用户与门店的接触机会。用户与门店接触越多,那么R值也会越大。

(3)回购周期。即用户回购商品的较为稳定的时间段,如电视、空调等家用电器的回购周期往往比较长,而牙膏、洗衣液等日用品的回购周期则比较短。用户的回购周期越短,那么R值也会越大。

综上所述,用户对门店的记忆越强、与门店接触越多、到门店回购的周期越短,那么R值就会越大。因此,为了提升用户的R值,就需要聚焦门店对用户的刺激力度和接触策略。具体来说,可以采用以下对策:

其一,根据商品特点设置用户流失预警机制。门店经营的主要商品的特点会影响用户的购买周期。比如服装属于季节性商品,较为活跃的用户光顾此类门店的周期不应该超过一个季度,因此门店就可以将用户流失的预警时间设置为三个月,并制订相应的预警方案。

其二,根据用户特点设置用户细分机制。门店可以从不同的维度对用户进行细分,对不同细分群体的用户而言,门店采取的运营策略也应有所区别。比如对于较为活跃的用户,其对门店的记忆强,门店可以通过发送微信和推送公众号信息等方式进行用户维护;对于不够活跃的用户,其对门店的记忆弱,门店可以通过打电话等方式进行用户维护。

其三,根据商品特点设置推广活动。专属的门店推广活动不仅能够介绍商品,而且可以加强门店与用户之间的关联,比如食品类门店,可以通过新品试吃等活动加强与用户之间的互动。

F值的提升策略

F值代表的是用户在一定的时间段内与企业产生交易行为的次数。F的数值越大，代表用户与企业产生交易行为的频率越高。

在门店管理中，影响F值的因素主要包括：

（1）用户的购物习惯。用户的购物习惯往往会受到很多因素的影响，比如用户的消费水平、购物偏好等，在门店运营的过程中，商品的陈列方式、门店的结算方式等也可能与用户的购物习惯相关。与门店相关的各项元素越契合用户的购物习惯，F值就会越大。

（2）门店推出的优惠活动。具有吸引力的优惠活动不仅能刺激用户消费，还有助于门店从同类店铺中脱颖而出。一般情况下，当涉及同样的商品和服务时，门店的优惠力度越大，F值就会越大。

（3）用户对门店的熟悉程度。门店出售的商品、门店的位置等都会在一定程度上影响用户对门店的熟悉程度。用户对门店越熟悉，那么F值也会越大。

（4）用户的忠诚度。用户的忠诚度受到品牌、服务等诸多因素的影响。如果用户的忠诚度越高，那么其选择到门店购物越不容易受价格等因素的影响。用户的忠诚度越高，那么F值也会越大。

综上所述，门店的运营与用户的购物习惯越契合、门店推出的优惠活动越具有吸引力、用户对门店越熟悉、用户的忠诚度越高，那么F值就会越大。因此，为了提升用户的F值，可以采用以下对策：

其一，提高与用户的互动频率。门店可以在节假日、商品上新、用户生日等特殊的时间节点向用户推送专属信息。

其二，推出具有吸引力的优惠活动。门店可以推出抽奖、满减、满赠等活动吸引用户购物。

其三，增加用户购物的乐趣。门店可以在商品品类、服务等方面进行创新，使用户享受更多购物乐趣。

M值的提升策略

M值代表的是客户在一定的时间段内与企业产生的交易的累计金额。M的数值越大，代表该时间段内用户与企业产生的交易的金额越大，用户对企业的价值贡献也就越大。在门店管理中，影响M值的因素主要包括用户对商品的喜爱度、用户的消费实力与消费潜力等。

我们可以举例进行说明。在某门店最近一个月的会员消费记录中，会员A共到店消费2次，累计消费金额为1000元；会员B共到店消费1次，累计消费金额为1000元。虽然会员A与会员B的累计消费金额一致，但会员A为2次消费，会员B为1次消费，因此相对而言会员B不仅对门店商品的认可度更高，其具有的消费潜力也更大。

从门店运营的角度来看，用户M值的大小能够影响门店对商品的推荐力度。用户的M值越大，门店也就越倾向于为其推荐高价格的商品。而且，与R值和F值相比，M值的大小更能体现用户对门店的价值。那么，为了提升M值，就可以增加客单价。而要增加客单价，就需要用户购买价格更高的商品或购买更多件商品。因此，为了提升用户的M值，就可以采用以下对策：

其一，交叉销售。基于门店建立的客户关系管理（Customer Relationship Management，CRM）系统，能够清楚地梳理用户的各种需求，从而将能够满足用户需求的多种产品或服务以组合优惠等方式进行营销。

其二，向上销售。基于用户的购买偏好等发现其热衷于购买某一类或某几类商品，从而为其推荐能够满足同样需求的价值更高的产品或服务。需要注意的是，新推荐的产品或服务应该与原产品或服务具有升级、加强、补充等关系，比如新推荐的产品是原商品的升级版、进化版。

以上提到的针对RFM模型的提升策略，其落脚点应该是用户分层和精准营销。只有这样才能合理配置门店的资源，并实现效益最大化。

2.3 北极星指标（NSM）

2.3.1 北极星指标：唯一关键指标

在前面我们曾提到北极星指标，其定位是互联网企业确立运营目标过程中的关键环节。由于北极星指标与用户增长密切相关，北极星指标也是用户增长的方向标，因此，我们需要对北极星指标有更为深入的了解。

北极星指标的英文全称为"North Star Metric"，其中"North Star"即北极星，是一颗位于天球转动轴上的恒星，其与地面观察者之间处于相对静止的关系，因此能够帮助观察者明确自身定位和前进方向。而"Metric"即指标，是衡量事物的质和量的标准。不同的指标能够从不同的方面反映事物的特征。例如，使用时长、打开次数和活跃用户数等指标能够反映出App在基础运营方面的水平，次日留存率和留存用户数等指标能够反映出App在用户留存方面的水平。

北极星指标也叫作"唯一关键指标"，是企业实现长期用户增长的衡量指标，通常具有唯一性、确定性等特点，能够为企业指明实现用户增长的方向。北极星指标具有衡量产品和业务效果的作用，能够明确反映用户需求和企业经营之间的关系，同时也是指引企业未来发展的唯一重要指标，能够帮助企业明确未来的发展方向和发展目标。目标的一致性对企业的发展有着至关重要的作用。对大多数企业来说，确保企业内部所有部门或工作团队具有一致的目标，是一件具有一定难度的事，但上下一致的目标能够使得企业在发展的过程中形成合力，指引企业的各个部门、各个工作团队以及各位员工明确行动方向，并精准评估企业的阶段性进步情况，从而助力企业实现快速发展。在实际业务中，北极星指标具有增加企业对特定目标的关注度的作用，同时也能够量化企业的各项举措产生的效果，辅助各方人员精准掌握企业的整体发展情况，让人们在了解企业的整体发展情况的同时可以不被日常事务或单个项目影响。

美国"增长黑客之父"肖恩·埃利斯（Sean Ellis）认为，北极星指标是最能捕捉产品向客户提供的核心价值的单一指标。由此可见，北极星指标决定着企业能否长期保证客户量不断增长。因此，企业需要认识到北极星指标的重要性，为客户数量的持续稳定增长提供强有力的支持。

现阶段大部分企业制定的工作质量相关指标通常只能用来衡量业务数量，无法有效衡量业务效果，这种指标难以帮助企业提升业务水平，也无法助力企业实现高质量发展。而北极星指标是一种根据业务效果来衡量业务团队的工作质量的指标，能够为业务团队优化业务效果提供助力。具体来说，北极星指标在优化业务效果方面主要起到以下作用：

第一，北极星指标有助于企业内部的所有工作人员及时了解产品团队的工作情况，同时确保产品团队的工作与企业的营收目标之间的一致性，并帮助产品团队集中整合企业内部资源，提高工作效率；

第二，北极星指标有助于增强企业内部沟通，实现多部门协作，提高沟通效率和工作效率，进而达到加快产品计划完成速度的目的；

第三，北极星指标能够帮助产品团队明确自身在整项业务中的责任，同时也能够帮助企业制定出可落地实施的产品行动策略，为企业实现发展目标提供有效支持。

2.3.2 制定北极星指标的三个标准

企业都会有愿景和使命。愿景和使命虽然重要，但却难以衡量，而且企业内部的各个部门及员工对愿景和使命的理解也难以达成一致，因此在愿景和使命落地执行的过程中容易出现不一致的情况。

北极星指标有助于企业明确各项相关工作落地执行的方向，企业的管理人员和执行团队可以根据北极星指标和由北极星指标分化而来的各项相关指标来衡量自身的贡献，并根据北极星指标来合理规划时间和资源，进而帮助企业提高资源利用的效率。

那么，企业应该如何制定北极星指标呢？我们可以参考三个标准：是否有助于业务发展；是否能体现核心价值；是否具备可操作性。

是否有助于业务发展

企业使用北极星指标来衡量业务发展情况，不仅能够确保衡量标准的一致性，还能帮助企业精准辨别各项活动在实现北极星指标的过程中能否起到促进作用，为企业确保业务决策的有效性奠定良好的基础。

北极星指标能够帮助企业平衡好商业目标和用户价值之间的关系，并在保障企业长期发展的前提下充分把握各项短期利益，为企业实现健康稳定发展提供支持。与此同时，企业也可以借助良好的商业模式来与用户建立互利互惠的关系，实现与用户的共同发展。企业需要明确用户需求及自身产品和服务的价值，利用自身产品和服务为用户创造价值，并从中获取收益，同时也要不断对产品和服务进行优化升级，确保各项产品和服务在价值创造方面的可持续性。

在企业运营中，与北极星指标无关甚至可能与其背道而驰的活动项目、发展计划或产品功能可能存在价值不足、与业务发展的关联性不足等问题，因此，企业需要放弃这类活动项目、发展计划或产品功能，做出正确的取舍。

不仅如此，企业还应加倍重视"虚荣指标"问题，防止各项"虚荣指标"对自身的产品和服务造成负面影响。与用户价值无关的指标就是"虚荣指标"，如点击量、访问量、下载量、粉丝数量、好友数量、点赞数量、浏览页数、页面浏览量、独立访客数、网站停留时间、收集到的用户邮件地址数量等，企业的运营人员如果过于关注且花费大量时间和精力在这些指标上，可能会使业务朝错误的方向发展。例如，有的互联网企业可能将注册用户数作为衡量自身发展情况的重要指标，但这一指标是随时间的变化而变化的，并不能有效反映企业的经营情况，由此可见，注册用户数就属于一项"虚荣指标"。而北极星指标既能够助力企业维持商业目标和用户价值的平衡，也能够有效反映企业的经营情况。

是否能体现核心价值

对内容型产品来说，内容消费数据和内容生产数据是企业衡量产品的核心价值的关键数据，也是企业了解用户对内容社区的参与情况的重要工具。用户的内容消费数量、内容生产数量等数据通常高于产品的注册用户数量。

> 以网络问答社区为例，知乎和百度知道等产品的注册用户数量或活跃用户数量无法体现出平台的内容是否丰富，企业也无法仅凭这两项数据来准确掌握用户黏性，相比较而言，问题的回答数量更能反映出产品的核心价值，也更适合作为评价产品的关键指标。

是否具备可操作性

定量指标具有准确定义和精确衡量的作用，能够将目标考核标准具体化；而定性指标无法直接量化目标考核标准，存在区分度低、信度低、客观性弱等不足之处。因此，对企业来说，将定量指标作为北极星指标是更好的选择。

> 以制定产品指标为例。定性指标可能是提升产品体验，但并未设立明确的标准，因此评估者在对产品的目标达成情况进行评估时可能会受到主观因素的影响，导致评估结果缺乏客观性；定量指标可能是使用产品的时长达到一定数值的人数，评估者可以根据具体的数值进行判断，并做出精准的评估。

从可操作性来看，企业选择的北极星指标应具有这些特点：简单，指标并不复杂或笼统，其中可包含具体的数字；即时，企业的业务部门能够实时掌握最新数据；可行动，指标对应的工作具有明确、具体、可执行或可改善的特点；可比较，指标能够在纵向上对比企业当前与过去的业务发展情况，在横向上对比企业与竞争对手的业务发展情况。

由此可见，北极星指标与运营策略之间的匹配度能够影响企业的发展。企业不仅要明确后验性指标，从过去的业务当中汲取经验和教训，更要加强对先导性指标的重视，以便充分利用先导性指标做出对自身未来发展情况的精准预测。

2.3.3　基于产品生命周期的北极星指标

在北极星指标的制定环节，企业需要从自身战略出发，参考产品当前在整个生命周期中所处的具体阶段，确立最符合产品当前状态的北极星指标。

一般来说，产品的整个生命周期可划分为种子期、成长期、成熟稳定期、衰退期和流失期五个具体时期，且各个时期的产品通常具有不同的侧重点。因此企业需要为处于各个时期的产品分别制定符合当前实际情况的北极星指标。

种子期

当产品处于种子期时，企业需要验证产品与当前市场用户需求的契合度。留存率是一项用于衡量产品对用户的价值的重要指标。留存率较高的产品大多能够满足用户需求，可以为用户提供较高的价值，留存率较低的产品则相反。由此可见，具有大量新用户的产品不一定能够实现长期发展，只有具有一定留存率的产品才不容易被市场淘汰。

成长期

当产品进入成长期时，企业需要加大资源支持力度，积极抢占市场份额，并获取更多高质量用户。同时，企业也可以将日活跃用户数作为检测产品发展情况的重要指标，通过产品每天的新增用户数量来判断产品的拉新能力，通过产品的用户留存情况来衡量产品的用户质量。

成熟稳定期

当产品进入成熟稳定期时，产品在整个市场中所占据的份额已经有了大幅度提高，但同时市场的饱和度也越来越高，因此企业的复合增长率将会不断降低，此时新用户也会逐渐减少，这个时期企业往往需要在获取新用户方面花费更高的成本。

随着新增用户数量逐渐减少，存量用户的重要性变得日渐突出，企业需要将交易额作为一项重要指标，并通过提高用户的购买频率和每次购买的客单价的方式来提升存量用户的价值。交易额既能够体现用户对各类产品的购买意愿，也能够反映各个用户群体的消费水平和消费频次，为企业进一步优化产品模式提供依据。

衰退期

当产品进入衰退期时，产品的销售量和利润都会越来越少，流失的用户数量将逐渐超过新增的用户数量，因此企业既要尽力避免高价值用户流失，也要积极召回已流失的用户，同时计算已召回用户产生的交易额在总交易额中所占的比例，并将这项数据作为衡量产品发展情况的一项重要指标。

流失期

当产品进入流失期时，流失的用户数量远高于新增的用户数量，销售额和所得利润不断降低，企业需要根据当前用户的需求开发新产品，并不断加快用户迁移速度，将该产品的用户转化为新产品的用户，因此对应的用户转化率就成为一项重要指标。

2.3.4　基于不同类型产品的北极星指标

北极星指标并非一成不变，当产品升级迭代时，企业也需要对其进行相应的调整。例如，在与用户生命周期相关的北极星指标当中，产品处于发展初期时，企业可能将新增用户数或注册用户数引入北极星指标当中，当产品已发展成熟时，企业会更加重视活跃用户数和转化用户数。

一般来说，处于不同行业中的企业会制定不同的北极星指标。

以订阅式收费的软件即服务（Software as a Service，SaaS）行业为例，该行业当中的企业可能存在付费客户不再使用产品的情况，导致产品的每月经常性收入（Monthly Recurring Revenue，MRR）无法准确体现出用户参与度，因此企业需要将每周活跃用户数引入北极星指标当中，为自身精准掌握用户对产品的使用情况提供支持。

比如，数据分析初创公司 Amplitude 将每周至少运行一次查询的用户数（Weekly Querying Users，WQUs）引入北极星指标当中，以便充分了解用户对产品的使用情况，并据此优化产品运营。

活跃用户数则是精准衡量互联网社交平台的运营情况的重要指标，因此互联网社交平台运营企业通常会将其纳入自身的北极星指标当中。

以领英（LinkedIn）为例，该平台将活跃的优质用户数据作为北极星指标，并将该指标具体细分为以下四个维度。

资料完整度：指用户资料填写的完整度，随着用户填写资料的项目变多，资料完整度的数值也会相应上涨。

好友数：当用户的职场好友数达到30人时，其活跃度也会提高。

可触达：指用户是否能够及时接收并回应猎头的信息。

保持活跃：指在某段时间内用户登录平台的频次。

除此之外，抖音、知乎、Airbnb、亚马逊、Facebook等诸多国内外知名企业也根据自身产品的核心价值制定了相应的北极星指标。具体情况如表2-4所示：

表2-4 一些代表性企业的北极星指标示例

代表性企业	商业模式	核心价值	北极星指标
Facebook	社交	快速又简单的社交	月活跃用户数（MAU）
Airbnb	在线短租	连接租房者和房东	总的预订天数
LinkedIn	社交	职场社交	优质的活跃用户数
Amplitude	企业级SaaS	数据分析	每周至少运行一次查询的用户数（WQUs）
亚马逊	电商	更便捷、便宜的网上购物	总销售额
知乎	问答社区	传播知识	问题回答数量
抖音	短视频	分享美好生活	日使用时长

下面我们针对不同类型的产品来分析北极星指标的制定策略。

内容型产品

内容型产品的核心价值是为用户提供所需内容。难以满足用户内容需求的产品无法留住用户，而能够为用户提供丰富且优质的内容的产品既能够吸引大量用户，实现用户增长，也能有效延长用户使用产品的时间，并从中获取更多收益，因此内容型产品的关键性指标通常与内容、用户使用时间等挂钩。

例如，果壳网的关键性指标与内容数量相关，知乎的关键性指标与提问数和回答数相关，今日头条的关键性指标与内容和用户停留时长相关。

电商型产品

电商型产品的核心价值是帮助平台中的店家通过售卖商品获利，无法吸引消费者购买商品的平台也就无法为商家提供价值。因此电商型产品的关键性指标通常与商品交易总额（Gross Merchandise Volume，GMV）密切相关。

一般来说，电商型产品如果无法实现用户转化，也无法刺激消费者购买商品，那么即便拥有较高的日活跃用户数，也难以有效创造价值。由此可见，引导消费者购买商品和提高消费者的复购率是电商型产品发展的关键。

社交型产品

社交型产品可能存在用户登录应用后并未进行互动的情况，因此登录用户数量并不能准确反映出产品的活跃度，企业在衡量社交型产品的活跃度时不仅要参考登录量，还要重视用户互动时长、用户发出的信息数量等指标。一般来说，用户的互动时长和信息量也是社交型产品的关键性指标，企业可以将互动时长超过5分钟或信息量超过20条等带有具体数值的指标作为衡量产品的用户活跃度的关键性指标。

工具型产品

工具型产品的商业模式大致可分为两种，分别是广告盈利和付费服务盈利。

广告盈利模式下的工具型产品通常免费为C端用户服务，同时也会接广告推广的业务，并通过在产品中植入广告的方式来获取利润，如墨迹天气等产品；付费服务盈利模式下的工具型产品同样能够为C端用户提供服务，但部分服务需要付费才能体验，例如，快手旗下的拍照软件"一甜相机"不仅提供免费服务，而且提供需要付费才能使用的特殊滤镜等。

无论是使用广告盈利模式还是使用付费服务盈利模式，工具型产品的盈利情况都与用户活跃度息息相关，因此运营工具型产品的企业通常会将用户活跃度引入产品的关键性指标当中。

游戏型产品

游戏型产品提供的服务基本是免费的，盈利主要来自向玩家出售游戏装备，因此玩家活跃度并不能准确体现出产品的盈利能力和价值。不仅如此，如果只玩游戏而不付费购买装备的用户过多，那么企业还需要花费更多的成本来对产品进行维护。因此对游戏型产品来说，玩家付费率和每用户平均收入（Average Revenue Per User，ARPU）才是用来衡量产品的盈利能力和价值的关键性指标。

总而言之，北极星指标不是企业的关键绩效指标（Key Performance Indicator，KPI），而是企业为产品的各个发展阶段设立的发展目标。具体来说，北极星指标有助于企业明确产品发展方向，以及了解业务的健康状况和可持续发展情况，良好的北极星指标能够为产品的发展提供助力，而不合理的北极星指标则会对企业的发展形成阻碍。

03 产品运营

3.1 互联网产品的设计流程

3.1.1 需求与目标设计

通常情况下,在设计及研发一款互联网产品的过程中,首先要明确用户需求,掌握市场信息,比如通过调查问卷的方式,获取用户的操作习惯、浏览行为等相关信息,了解用户的行为特征,制定清晰的目标。然后进行产品概念设计、产品原型设计、UI设计、产品视觉设计,直到产品正式投入运营。

在很多情况下,上述操作环节彼此之间没有绝对清晰的界限,会产生交叉现象。有时,也会以实际项目的需求为标准,省略某些环节的操作,或者在中间添加其他流程,并对具体操作内容进行调整。接下来,我们首先分析需求与目标设计环节。

锁定潜在用户群体

产品需要有明确的定位,能够锁定自己的潜在消费者群体。通常情况下，可以采用用户访谈、问卷调查等方法把握用户需求。在该环节的操作中，不能忽视以下几个问题：

其一，知道产品针对哪一类用户，比如是刚踏入社会的年轻人还是拥有工作经验的用户群体；

其二，清楚产品面向的用户群体存在哪些共性特征；

其三，分析潜在消费者群体对该产品的需求量有多大，以及在后续发展过程中会呈现出怎样的趋势；

其四，了解目前有哪些同类企业能够对自身的发展构成威胁，产品能有多大的竞争优势。

产品经理在分析市场调查结果及用户行为特征时，往往能够在产品的功能设置方面受到启发。不过，产品在早期发展阶段容易承载用户的多种期望，但实际上只有部分用户需求能够在产品中得到满足，在这种情况下，产品经理在功能设置时需要从众多用户期望中进行选择。在这个过程中，关键是明确目标用户群体，根据他们的核心需求进行功能设置。

及时掌握行业竞争情况

外部环境是时刻变化的，用户群体的需求也并非一成不变，如果不及时了解市场变动趋势，即便投入大量成本推出新产品，也可能因为产品脱离消费者需求而滞销。所以，经营者应该及时了解行业发展趋势，突破竞争壁垒。在具体操作过程中，可以从这几个方面入手：与同类产品进行比较，明确产品的优势及不足；分析产品所具备的优势对用户来说是否具有吸引力，能否激发用户的认同感；分析产品在技术层面的优势，以及与竞品相比是否具有竞争力；分析产品在功能方面是否具有独特性与创新性。

采用确切的盈利模式

企业要实现良好的运转，就需要具有明确的盈利模式。在采用盈利模式时，需要考虑以下几个方面的问题：确定盈利渠道，以金融产品为例，企业利润可以来自用户的借款利息；分析企业何时能够获得第一笔利润，以及较为可观的利润率的数值；判断产品的盈利模式如何随运营过程进行调整；将企业发展过程进行阶段划分，明确各个时期的资源投入，以及企业达到长期目标需要的成本（包括时间成本）。

在互联网产品的设计流程中，只有做好准备工作，提前制订计划，才有可能实现目标。而且，只有对项目的可实施性进行科学判断及预估，之后才能够制订规划，满足市场需求。

3.1.2 产品概念设计

从表面上看，概念设计倾向于抽象层面的表达，似乎让人捉摸不透。实际上，产品的概念设计是从用户需求出发到生成概念产品的一系列活动，是一个不断从抽象转化为具体、从模糊过渡到清晰的过程。在产品的概念设计领域，"头脑风暴法"是一种经常被用到的方法。所谓"头脑风暴"，即若干相关人员围绕一个共同的话题进行观点陈述，从而集思广益，获得最佳的解决方案。

"头脑风暴法"在使用之前，首先应该明确以下三个要素。

第一，参与人数的选择问题。虽然从理论上来说，参与讨论的成员越多越有利于提出不同的观点，但在具体的实践过程中如果人员过多，极容易因为观点的不同而引发争论，从而拖慢讨论的进度，不利于整体节奏的把控。

第二，流程的设置问题。"头脑风暴"虽然是一种较为自由的观点和思想的碰撞过程，但也需要流程的把控。基于已经设置好的流程，所有的参与人员对于讨论的主题和方向都应该有清晰的认知。

第三，原则的遵循问题。要使得"头脑风暴法"达到较为理想的效果，讨论的过程应该遵循一些原则，比如鼓励创新的观点和想法、不否定其他成员的发言等。

此外，在使用"头脑风暴法"进行产品设计时，一个合格的主持人也是必不可少的。主持人应该持中立态度，鼓励成员多发言，同时对成员的发言时间进行把控。参与成员则应该事先就讨论的主题进行准备，积极陈述自己的观点。一般情况下，"头脑风暴法"的流程可以划分为以下几个阶段，如图3-1所示：

1 准备阶段
陈述观点前的一段时间
持续时间较短

2 思考和描述阶段
按顺序分别陈述观点、方案等
陈述方式依现场情况而定

3 创意陈述阶段
成员可以进行补充
可借助于必要的辅助工具进行展示

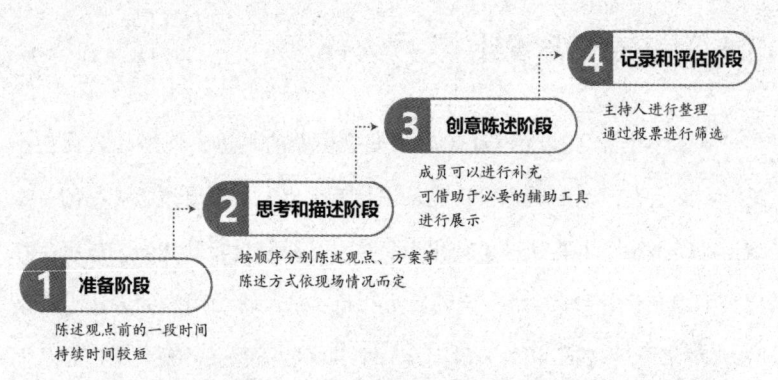

4 记录和评估阶段
主持人进行整理
通过投票进行筛选

图3-1 "头脑风暴法"的流程

准备阶段。这是成员陈述观点前的一段时间，这个阶段持续的时间较短，需要参与成员准备好需要的材料，并梳理自己的思路。

思考和描述阶段。在主持人的把控下，各个参与成员按顺序分别陈述自己的观点、方案等，具体陈述方式依现场情况而定，可以是单纯口述，也可以借助于PPT等陈述。

创意陈述阶段。当所有成员进行陈述后，仍有想法或创意的成员可以进行补充，并借助必要的辅助工具进行展示。

记录和评估阶段。当所有成员均发言完毕后，主持人可以将相关的观点、方案等进行整理，并通过投票等方式筛选出最为合适的几组观点或方案。

在产品概念设计阶段，为了激发创新、推动产品设计，往往会允许设计人员进行自由联想，并相互交流观点。在这个过程中，除了关注产品本身之外，还要将更多注意力放在用户体验方面，避免设计出的产品与用户期待的相差太远。对产品经理而言，要在这个阶段广泛吸收各方观点，再深入分析市场需求，同时结合思维导图等工具确定产品发展方向及设计思路，将产品能够体现的功能及独特性完整记录下来。

3.1.3 产品原型设计

在概念层面推出产品雏形后，若产品的功能设置获得批准，接下来要进行的就是原型设计。在产品设计领域，原型即产品原始的模型，也可以理解为产品的雏形。在互联网产品的设计流程中，进行产品原型设计时，首先需要厘清用户的需求，然后将用户的需求投射到原型当中。

原型设计是互联网产品设计流程中非常重要的一步。其中，UI设计部门需要依据原型设计内容制作界面设计图，研发部门需要基于原型设计确立业务逻辑，产品测试部门需要依据原型设计编写测试方案，运营部门也需要依据原型设计拟定初步的运营策略……由此可见，如果原型设计不能反映用户的需求或出现任何问题，均有可能影响其他相关部门的工作，并造成成本增加和资源浪费。

在原型设计过程中，需要通过运用流程结构图以及详细的说明等，向用户界面设计者、用户体验分析者、营销人员、程序开发者等精准地传达产品原型，与他们进行深度交流，对最初的设计进行调整与完善，并在明确方案后付诸实施。相比于表达工具，设计的观点更加重要。各公司在管理形式、人员构成、产品设计方式等方面都存在区别，最终的观点呈现方式也不会完全一样，而且公司在发展到一定时期后，会对自身的发展方向、组成方式、价值理念等进行改革，所以其原型的描述方式也不一致。

值得关注的是，产品经理在产品原型设计的过程中发挥着关键性作用，其不仅能够决定产品设计方向，而且为了确保项目的运转效率及质量，需要配合和协调多个相关部门人员的工作。此外，产品经理还要对市场营销部门、运营部门的意见进行统一，以进一步完善产品设计的细节。

3.1.4　UI设计

UI设计（User Interface Design，或称界面设计）指的是针对软件的界面分布、操作逻辑和人机交互等方面的整体设计。高质量的UI设计不仅会使得软件界面清晰、便于操作，还能充分体现软件所具有的特色等。简单来说，UI设计需要从品牌和风格两个维度出发，对界面所涉及的图标、字体、按钮等与视觉相关的元素进行整体设计。

UI设计的工作流程

UI设计并非一个独立的流程，而是互联网产品设计流程的一部分，其介于交互与开发之间，如图3-2所示。因此，进行UI设计时，一方面需要依据原型设计的内容，另一方面需要兼顾产品开发的原理和方式。

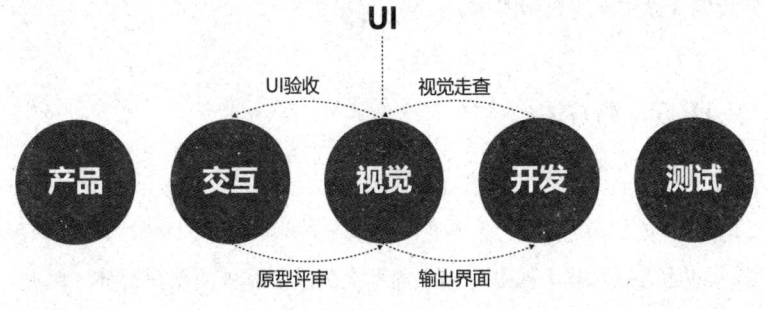

图3-2 互联网产品设计流程

UI设计的工作流程具体如下。

Step 1：分析用户需求与原型设计，了解原型具有的功能，并对整个产品设计的难度、复杂性、风险性等提供评估意见。

Step 2：确认相关资料的准确性，并规划UI设计周期。

Step 3：进行正式的产品UI设计。

Step 4：设计完成后将设计图稿等相关物料提交给产品开发人员，进行设计思路等必要的解读，并为后续的产品测试等环节提供支持。

UI设计的常用工具

在UI设计流程中，设计人员利用工具不仅能够呈现出精确的设计图和开发矢量图，而且可以传达出UI设计的理念。常用的UI设计工具主要包括以下几种。

Sketch：一款应用广泛的矢量绘图应用，具有色彩校正、矢量编辑等功能。

AI（Adobe illustrator）：一款工业标准矢量插画软件，适合于从小型到大型的设计项目。

PS（Adobe Photoshop）：一款图像处理软件，具有多重功能，主要处理以像素构成的数字图像。

UI设计的方法

在进行UI设计时，可以从以下几个维度入手：

（1）品牌调性。对一个优秀的品牌来说，其应该拥有鲜明的品牌调性，同时这种品牌调性也在一定程度上决定了品牌的用户群体。因此，UI设计人员可以从品牌调性维度切入，结合"5W1H"分析法解析产品的具体应用场景，从而确定设计思路，加深用户对品牌的喜爱度和忠诚度。

（2）用户体验。用户在首次接触产品时可能会持有抵触或谨慎的态度，而情感化的UI设计能够缓解用户的负面情绪，增加用户对产品的好感度，改善用户的产品体验。在具体的设计过程中，引导页、提醒弹窗等均属于从用户体验入手的情感化设计。

（3）竞品分析。对市场中的同质化产品进行分析，有助于确定差异化的UI设计思路，使得产品脱颖而出，能够带给用户具有创新性的体验。

界面设计对设计者的要求比较高，需要设计者了解设计学、心理学和语言学等相关的专业知识。另外，在具体设计过程中，设计者要懂得一些通用规范。例如，颜色运用要协调，界面格调需保持统一，考虑用户的审美需求，保持界面简洁，等等。

在执行过程中，界面设计人员可以选定界面格调，并据此制订多种方案，选出其中比较优秀的几种由需求部门进行鉴定，并与需求部门持续沟通，改善方案并决定最终的版本。之后，负责用户体验的人员需要以操作性为标准改进产品原型，并根据用户反馈意见完善产品的功能设置。

3.1.5 产品视觉设计

日常生活中，人们经常会接触到形式丰富的视觉作品，比如商品广告、包装、电影海报等，许多优秀的互联网作品也能使人眼前一亮。杰出的视觉设计人员不仅能够熟悉产品本身的功能，还能以全新的表达方式吸引大众的目光，给人留下深刻的印象，进而激发人们的购买欲望。所以，纵观设计的全过程，最关键的就是对整体风格的把握，并通过恰当的方式表达出来，即视觉传达。

视觉传达是视觉设计中最为核心的内容。在互联网产品的视觉设计中，设计人员不仅需要追求产品设计的美感，还需要通过视觉设计将产品的信息准确地传达给用户。具体来说，需要以用户为中心，从以下三个维度进行产品的视觉设计。

视觉美感

在用户初次接触产品时，视觉体验是最为直观的。优秀的视觉设计不仅能够让用户产生美感，而且会让用户具有一定的情感共鸣。而要给用户带来视觉美感，产品的视觉设计人员就需要具备扎实的美学基础知识和丰富的视觉设计经验。比如，视觉设计人员应该熟悉颜色、图形等在视觉设计中的运用，能够通过多种技法呈现不同的设计风格。

此外，优秀的视觉设计应该是具有创新性的，能够带给用户眼前一亮的感觉，使得产品的外观明显区别于同类竞品。因此，产品的视觉设计人员应该具有创新性思维，可以基于掌握的资源和经验挖掘设计创意。

信息传递

用户在获得视觉体验之后，便能够接收到产品的视觉设计所传递的信息。因此，视觉设计人员不能仅仅局限于对视觉美感的追求，还应该从感性视角深入到理性视角，从企业业务维度丰富视觉设计信息。

产品视觉设计作为互联网产品设计流程中的重要一环，需要设计人员了解品牌的发展战略，并将其融入视觉设计当中。也就是说，视觉设计人员不仅应该清楚用户的需求，还能够从视觉设计层面满足用户的需求，将产品所具有的与用户相契合的信息精准传达给用户。

功能体验

产品设计永远是围绕功能来进行的。用户在接触产品后，经过获得视觉美感、接收信息传递之后，必然会进入功能体验的环节，通过利用产品满足自己解决问题的需求。因此，产品的视觉设计不只是让用户觉得"好看"，还应该让用户觉得"好用"，需要从用户的需求出发明确设计过程。

3.2 产品规划、运营与优化

3.2.1 产品规划要点梳理

产品运营是一项烦琐且细碎的工作，要求运营人员具备较强的执行力、拥有清晰的运营思维。只有如此，运营人员才能找到最佳的产品运营方案，帮助产品快速占据市场，获得大量用户，完成"从0到1"的积累；才能在产品的不同发展时期掌握运营节奏，帮助产品实现快速成长。

产品运营并不是一项简单的工作，需要运营人员从公司长远发展的角度入手进行规划。首先，产品运营人员可以对所处行业的发展现状及未来趋势、产品的用户调查报告、行业内其他企业的市场发展情况等进行分析，从中发现目标用户的需求、企业面临的机遇等；其次，产品运营人员可以结合企业的长期发展战略对未来的商业模式、产品定位、业务目标等进行梳理。

具体来看，运营团队可以从以下几个方面进行产品运营规划。

需求场景

产品诞生的目的就是为用户的某个需求痛点提供解决方案。比如为了改善用户的出行体验，滴滴出行等一批手机打车软件应运而生。几乎所有的互联网产品都可以按照用户需求进行分类，比如提高服务效率的工具类产品，丰富人们生活的娱乐类产品，满足人们社交需求的社交类产品，让人们可以实时获取最新资讯的资讯类产品，让人们生活更加便利的电商及OTO产品等。

那么，哪些场景会产生这些需求，又有哪些场景能让产品和用户实现连接呢？面对这些问题，运营人员必须对产品需求场景进行关注与思考，对既定场景下的用户转化问题进行充分考虑，从而制定运营策略。

产品形态

产品形态是根据产品具体形式与功能服务形成的，比如，从出行这个需求衍生出了多个产品形态，虽然不同App的用户交互界面、司机来源不同，但根据其提供的服务，均可将其归属为工具性产品。再比如，谈及社交型产品，人们率先想到的就是微信、QQ、微博；内容类产品有知乎等；平台类产品有京东、淘宝等。这些产品都是根据用户需求、业务模式开发的，它们之间有相似之处，也存在差异。

竞品分析

随着产品的同质化现象越来越严重、市场竞争日益激烈，要想产品在市场中脱颖而出，给用户留下深刻的印象，对同类竞品的分析必不可少。

所谓竞品分析，即筛选已经具有或潜在具有竞争性的产品，然后分析其优劣势、产品运营策略、市场占有情况等。基于已有的竞品分析，运营部门可以形成自己的运营策略，挖掘具有创新性的市场切入点，并打造差异化的产品定位，从而更切合用户需求和填补市场空白。

发展阶段

产品在不同的生命周期阶段需要不同的运营方式。因此，产品运营人员必须结合产品的实际发展阶段来制定产品运营策略。

（1）探索期。产品上线时间比较短，处在打磨更新阶段。在这个阶段，产品运营要对种子用户进行充分挖掘，将其推动产品成长的作用充分发挥出来。

（2）成长期。在这个时期，产品需求已得到充分验证，亟须快速占领市场，超越竞争对手。在这个阶段，产品运营人员要着力增加用户量，想方设法获取新顾客。

（3）成熟期。在这个时期，产品已站稳市场，也已积累了一批用户。在这个阶段，产品运营要做好用户留存与维系工作，尽快实现商业变现，获得更多利润。

（4）衰退期。在这个时期，产品的生命周期即将结束，替代品已经出现，用户流失严重。因此，产品运营人员要尽量留住用户，挽回流失用户，延长产品的生命周期。

业务模式

商业活动的最终目的就是创造营收，因此，产品的业务模式就表现为如何实现商业变现。具体来看，其业务模式大概可分为以下几种：

（1）商品销售类业务。这类业务模式有三种：一是自营模式，以京东商城、网易严选等为代表；二是平台抽取佣金模式，以淘宝、美团等为代表；三是流量变现模式。

（2）免费+增值服务类业务。这类业务以腾讯视频、网易云音乐的会员服务为代表。

（3）免费业务模式。这些产品的收入来源主要是广告，以网易新闻、微博等为代表。

（4）内容类平台。以简书为例，其收入来源包括售卖书籍收入、售卖周边商品收入、流量变现、广告冠名等。

（5）金融类理财产品。这类产品主要通过资金收敛、理财放贷等获取收益。

产品的业务模式可以是单一模式，也可以是多元化模式，但如果某产品没有明确的业务模式，就难以维持较长的生命周期。

3.2.2 产品运营的工作职责

互联网公司大多依赖产品运营能力和用户运营能力来支撑企业稳定发展。其中，产品运营能力是促进产品不断优化和持续更新的重要驱动力，也是推动企业高效落实用户运营、流量运营、活动运营和内容运营等各项运营工作的助力。企业需要通过产品运营的方式来满足用户的需求，不断提高用户价值和商业价值。

从定义上来看，产品运营就是从企业的经营现状和产品战略出发，通过最大限度优化路径和提高执行的高效性等方式来强化产品的市场竞争优势，并助力产品占据更大的市场份额。由此可见，产品运营主要具有以下几项特点：

第一，基于企业经营和产品战略。一般来说，企业经营和产品战略是产品运营的主要服务对象。其中，企业经营大多与商业模式存在密切的联系，产品战略大多与总体方向息息相关。因此产品运营需要在推动产品稳定发展的基础上进一步提高产品的商业价值。

第二，最佳的路径和最高效的执行。企业可以在确定产品发展方向的前提下借助产品运营来探索最佳发展路径，并科学配置用户运营资源、流量运营资源、活动运营资源和内容运营资源等，以最高效的方式执行各项运营策略，为产品按照规划快速稳定发展提供支持。

第三，强化产品的市场竞争优势。当企业已经掌握大量关于产品的用户反馈信息时，可以借助产品运营来强化优势、规避短板，并以用户价值点为中心为产品打造差异化竞争优势，为产品获取更大的市场份额提供帮助。

企业可以通过产品运营来了解用户行为和市场发展趋势，并在深入分析相关数据信息的基础上对产品进行优化升级，提高产品与用户需求和市场需求之间的匹配度，进而达到扩大用户群体和优化用户体验的目的。具体来说，产品运营主要包括以下几项工作职责：

市场分析。产品运营需要通过市场分析来掌握用户需求、竞争对手和市场发展趋势等信息，并据此规划产品发展方向。

用户研究。产品运营需要广泛采集用户需求、用户偏好等信息，并根据这些信息来进行用户研究，进而有针对性地对产品进行优化调整。

产品规划。产品运营需要通过产品规划来明确产品愿景和产品路线图，并从企业的目标和用户的需求出发来制定产品策略，确定产品特性。

产品开发协调。产品运营需要与开发团队协作，共同完成产品开发工作，并根据预期要求交付产品，同时确保产品交付的及时性。

产品营销。产品运营需要制订并落实产品营销计划，积极开展广告和品牌推广等产品营销活动。

数据分析。产品运营需要动态跟踪和采集各项产品指标数据，并对这些数据进行分析，以便根据分析结果来指导业务决策。

在互联网行业中，产品运营不仅是互联网企业的一项重要工作内容，也是管理产品内容和用户的职业。互联网企业中的产品运营人员主要包括产品运营总监、产品运营经理以及产品运营专员。同时，产品经理作为企业中负责产品整个生命周期的角色，与产品运营人员既存在紧密联系，又有许多不同之处。

一方面，产品经理负责创造产品，而产品运营人员负责发挥产品价值；另一方面，产品经理负责制定产品规划，而产品运营人员负责执行来自产品经理的产品规划。简而言之，产品经理大多不会与用户直接接触，而产品运营人员通常需要直接与客户进行交互，并通过与用户的交互来获取用户数据，以便根据这些数据来对产品进行优化升级。

例如，当产品经理创造出一款用于满足用户出行需求的App之后，产品运营人员需要将该App推广到用户当中，并为用户了解App中的各项功能提供帮助。同时，产品运营人员也要广泛采集用户反馈信息，在信息数据方面为产品经理优化该App提供支持，进而助力App创造更高的用户价值。

从工作重点上来看，产品经理和产品运营人员之间的不同之处主要体现在用户运营、流量运营、活动运营和内容运营等方面。具体如表3-1所示：

表3-1 产品经理和产品运营人员工作重点的对比

运营模块	产品运营	产品经理
用户运营	关注用户运营的关键环节,制作用户画像和用户分级模型,基于对用户需求的分析把握产品的迭代方向	依据产品运营对用户需求的分析对产品进行持续迭代,同时协同产品运营完成用户运营相关模型的设计和应用
流量运营	从流量的聚合、分发等环节入手,基于产品化思维提高流量运营效率	协同产品运营完成流量运营所需后台或工具的设计和应用
活动运营	从活动策划、投放等环节入手,基于产品化思维提高活动运营效率	协同产品运营完成活动运营所需后台或工具的设计和应用
内容运营	从内容的生产、分发等环节入手,基于产品化思维提高内容运营效率	协同产品运营完成内容运营所需后台或工具的设计和应用

3.2.3 搭建产品运营体系

在明确产品规划之后,运营人员就能确定产品的运营方向,搭建产品运营体系,实现预期的发展目标。

基础功能

运营人员要根据产品所处的发展阶段保证产品拥有基础功能。

比如,内容类产品要有足够吸引人的内容。以知乎为例,在探索期,知乎采用了邀请制,通过创始人邀请互联网行业的知名人士,建立了专业的社区雏形。之后,知乎开放注册权限,吸引了很多慕名而来的用户,这些用户在学习前辈经验的同时,也积极发表自己的观点,使知乎社区的内容更加丰富。

又如，工具类产品应该为用户提供便捷的使用体验。以滴滴出行为例，早期滴滴出行通过地推寻找愿意安装、使用这款软件的出租车司机，并为用户提供补贴来刺激用户享受滴滴带来的便捷服务，从而扩大了使用群体，成功地培养了用户出门使用滴滴打车的习惯。

再如，视频类产品的基础功能是为用户提供流畅的观影体验，音乐类产品的基础功能是为用户提供音乐收听服务。

由此可见，不同类型的产品的基础功能也不同，但这些基础功能有一个共同点，即都是以产品为基础。

用户增长

随着产品不断成长，其具有的基础功能不断完善，拉新成为产品运营的主要任务。

产品获取新用户最常用的方法就是补贴，这种方法不仅速度快，能够达到的效果也比较理想。在好奇心理和探索欲望的引导下，用户会主动尝试产品，如果产品能够满足用户的需求和喜好，用户就会养成使用产品的习惯，跟随运营人员事先设计好的路线完成转化。虽然补贴看起来非常简单，但如何对用户进行精准定位和有效补贴是对运营人员的一大考验。

除以上提到的补贴等常规的拉新活动外，运营人员还可以通过市场推广拉新（比如搜索优化）、渠道拉新（比如资源置换、联合营销）等。

提高转化

经过拉新环节完成产品导流后，产品运营人员需要对用户引导流程进行梳理，刺激用户下单、分享、评论、点赞等。

比如，电商平台的首页会根据用户喜好推荐商品，明列超低价秒杀产品，以提高订单转化率。增值服务类产品会对会员特权进行打包，以腾讯视频、优酷等为代表的视频播放平台通常为用户提供五分钟免费观看，以吸引用户购买会员。内容电商会通过社区积聚大量用户，再推送商品链接引导用户购买产品，其典型代表就是小红书。

用户维系

产品进入成熟期之后，运营人员要重点做好用户维系工作。同时，运营人员应该努力提升运营的精细化水平，以降低运营成本，提高运营收入。

为了做好用户维系工作，运营人员可以构建用户生命周期模型，在用户流失之前做好预警，开展精准营销，并构建能实现用户留存的会员体系，打造积分商城等。除此之外，根据"二八"原则（20%的用户创造了80%的价值），运营人员必须高度关注核心活跃用户，因为这部分用户的消费频次、经济价值与传播价值相对较高，且他们对产品更加认可。通过对用户的梳理和分析，运营人员就能够对整体用户结构进行优化，降低初期及成长期用户的流失率，提升成熟期用户的活跃度，保证产品更好地发展。

品牌建设

在产品进入成熟期之后，运营人员就需要开展品牌建设。要做好品牌建设，运营人员不仅要善于利用各种营销渠道（如线上、线下广告），还要借助营销的力量提升品牌的知名度与影响力。以天猫为例，相较于之前的"上天猫，就够了"来说，"理想生活上天猫"更能传播品牌价值。

运营人员不仅要做好"分内之事"，还要从产品层面对运营策略、运营方向进行思考，比如运营策略如何制定，运营方案怎样落实，运营体系如何完善，运营与品牌建设怎样建立关联等。运营人员如果不从策略或战略层面进行思考，不在产品运营的过程中进行品牌建设，就很难对行业以及市场进行全面了解，自然所搭建的产品运营体系也不够完善。

3.2.4 产品的优化与迭代

产品从诞生到成熟的过程也是其优化与迭代的过程。由于市场发展趋势、用户需求等均不是一成不变的，因此产品为了保持竞争优势就离不开优化与迭代。具体来说，产品优化与迭代主要涉及一个前提、两个评估、两个方向和四个重点，如图3-3所示：

```
                    产品优化与迭代
                         │
         ┌───────────────┼───────────────┐
         │               │               │
       两个评估         一个前提
                         │
                         └── 以产品的发展目标为前提
                                    ├── 全面收集、分析产品数据
  对产品核心功能需求的评估            └── 明确产品优化目标
  对产品生命周期的评估
                       两个方向
       四个重点           ├── 优化已实现的功能
                         └── 完善新增产品的功能
  业务流程
  交互设计
  信息体验
  商业指标
```

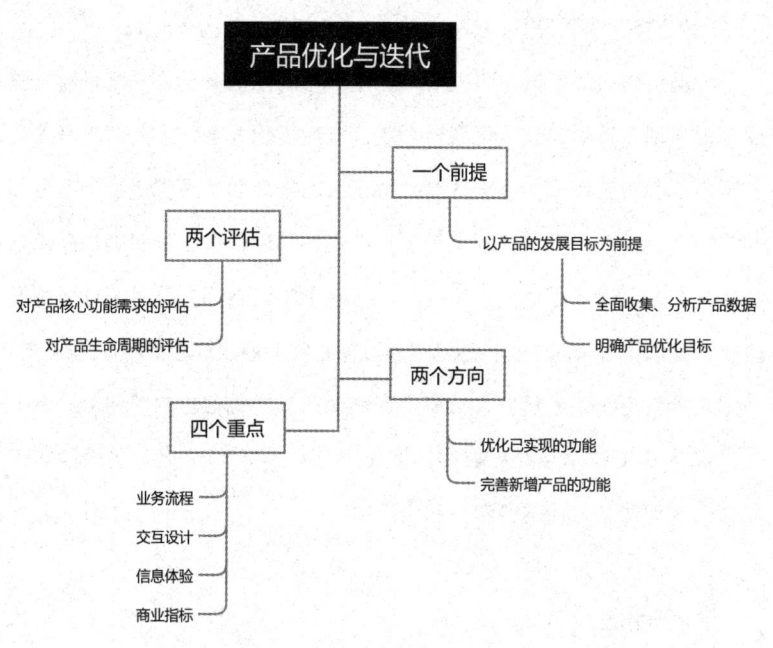

图3-3　产品优化与迭代的内容

一个前提

产品优化与迭代需要以产品的发展目标为前提，而在具体实践中，这"一个前提"需要包含两部分内容。

（1）全面收集、分析产品数据。

产品运营人员可以在产品上线后通过全面收集、分析产品数据的方式来获取产品的使用数据和用户反馈信息等，并据此对产品进行升级。对数据进行充分分析是解决问题的有效手段，产品运营人员可以借助数据分析来发现产品存在的缺陷，进而提高产品优化的针对性和高效性，以及优化效果评估的客观性和公正性。

（2）明确产品优化目标。

产品运营人员可以在明确产品优化目标的前提下充分发挥目标导向原则的作用，针对产品优化目标来制订产品优化方案，并按部就班落实方案中的各项工作，防止出现产品优化方向偏离和产品优化细节不足等问题。与此同时，产品运营人员还可以在此基础上进一步明确产品数据的采集方向，以产品优化目标为中心精准采集各项相关数据，进而有效防止其他数据带来的干扰，达到提高数据采集的高效性和精准性的目的。

由此可见，产品运营人员需要在明确产品优化目标的基础上逐步推进产品优化工作，在产品数据的支持下完成决策和优化方案设计等工作，以确保产品优化的科学性和合理性。

两个评估

评估是产品优化的重要环节。产品优化中的"两个评估"指对产品核心功能需求的评估和对产品生命周期的评估。

（1）对产品核心功能需求的评估。

产品运营需要通过满足产品核心功能需求的方式来强化产品核心价值和产品力。核心功能不够强大的产品难以长期在市场中生存下来，因此产品运营人员在开展产品优化工作时应充分认识到评估和优化产品核心功能的重要性，并将这两项工作放在首要位置。

（2）对产品生命周期的评估。

产品运营人员需要在产品生命周期中的各个阶段对其进行优化，不断提高产品的盈利能力，以便快速实现企业的商业目标。一般来说，产品运营主要在以下几个阶段对产品进行优化：

培育阶段。根据产品功能优化的优先级，企业通常需要将大量时间、精力和资源投入对产品核心功能和需求的优化工作当中,往往导致其他功能被忽视,因此用户难以通过仍处于上线初期的产品获得良好的产品试用感受。

成长阶段。处于成长阶段的产品大多已经具有一定的用户量和市场份额,但随着用户量的逐渐增多,用户需求也会越来越多,企业需要持续优化产品,完善各项产品功能,以便充分满足用户需求。

成熟阶段。处于成熟阶段的产品大多已经具备盈利能力,企业需要完善产品商业指标,进而最大限度地为企业创造收益。

衰退阶段。处于衰退阶段的产品难以继续获取大量新用户,企业需要重新对产品进行定位,并再次探索产品价值,寻找新的发展机会,以便推动产品实现二次发展。

两个方向

产品优化中的"两个方向"指优化已实现的功能和完善新增产品的功能。产品运营人员需要采集并分析产品数据,深入了解产品当前已有功能的使用频率等。

产品中存在的各类问题是影响用户使用情况的关键,比如使用流程复杂、易用性低等都有可能导致用户任务完成度不高,页面跳转异常、产品内容与用户兴趣不符等问题可能会导致用户在产品页面停留的时间较短。由此可见,产品运营需要广泛采集并深入分析各项用户数据和用户反馈信息,积极开展市场调研等活动,在明确用户需求的基础上对产品功能进行优化完善,以便充分满足用户需求,为用户提供优质的服务体验。

四个重点

产品优化中的"四个重点"指对业务流程、交互设计、信息体验和商业指标的优化升级。产品运营可以通过对"四个重点"的优化来快速提升产品质量,并在此基础上助力企业实现商业目标。

(1)业务流程。产品经理需要站在产品战略的角度看待产品优化问题,并以此为核心来优化升级各项相关业务流程。以教育资源服务平台为例。在产品上线初期,用户只需确定资源类型和资源所属教材信息就能够将教学资源上传到平台当中;随着产品的发展和使用人数的增多,为了方便用户检索信息和资源,运营人员就需要对产品进行优化升级,比如在上传资源时将对应教学资源进行关联。

(2)交互设计。良好的交互设计能够有效增强产品的易用性,优化用户的使用体验。产品经理应从产品信息架构、信息布局设计、功能操作反馈系统等方面对产品存在的问题进行分析,完善产品架构,并通过优化交互设计的方式为用户提供更好的产品体验。

(3)信息体验。产品经理可以通过优化信息体验的方式来增强产品的信息传达能力和易用性。这是因为:一方面,产品的各项信息会随着场景、状态以及角色权限等因素的变化而变化;另一方面,用户可以直接感知文案等产品信息和界面设计、图形设计、色彩设计等视觉设计信息,并从中获取相应的信息体验。由此可见,对信息体验的优化升级能够为用户带来更加优质的产品使用体验。

(4)商业指标。产品功能能够反映企业的底层业务逻辑和商业目标,而商业指标与产品功能息息相关,因此,产品经理可以通过优化商业指标的方式来获得更好的产品优化效果。在实际操作中,产品经理可以借助对产品用户留存和注册转化等指标的优化来强化注册功能流程和产品服务内容等，并达到完善产品交互设计的效果。

　　总而言之，产品优化具有过程性、长期性和层次性等特点。企业在推进产品优化的过程中需要严格遵循以上"一个前提、两个评估、两个方向、四个重点"，逐步制订和落实产品优化方案，以便提升产品优化效果。不仅如此，企业还需要明确产品优化目的，并以此为中心指导团队工作，以便创造出更好的产品，为用户提供更加优质的服务。

3.3 基于用户体验的产品运营

3.3.1 用户体验的五个要素

以用户体验为中心是移动互联时代商业运作的关键和核心。只有基于用户特质和需求痛点不断优化产品，才能真正获得用户的认可和青睐，实现引流和变现。

美国用户体验咨询公司 Adaptive Path 的创始人杰西·詹姆斯·加勒特（Jesse James Garrett）在其著作《用户体验要素》中提出了与产品设计开发过程相对应的五个用户体验要素，即概念设计、功能设计、信息架构和交互设计、界面设计、视觉设计。产品设计开发过程需要充分考虑与用户体验相关的所有因素。只有让产品设计更加契合用户需求，才能够使产品在正式推出之后迅速占领市场，并获得明显的竞争优势。

与马斯洛的需求层次理论类似，加勒特提出的从概念设计到视觉设计的五个用户体验要素是一个以用户体验为核心、从底层到上层逐渐接触用户的过程，可以从以下五个维度进行分析：

（1）战略层。关注用户需求和产品目标，主要任务是确定产品范围、产品战略目标，以及企业希望通过产品达成怎样的目的。

（2）范围层。关注功能组合和内容需求，主要是根据用户需求、产品目标等确定产品应包含何种特性和功能。

（3）结构层。关注点在信息架构和交互设计方面，主要考虑如何引导用户到达预期页面。

（4）框架层。关注信息和界面设计，主要是通过合理的设计布局发挥出界面文字、图片、表格等元素的最大效果。

（5）表现层。关注的是视觉设计环节，即用户直接看到的文字、图片、Flash等元素，这些内容可以被用户点击并具有相应的功能。

用户对产品的体验诉求与马斯洛的五大需求层次是相对应的，是从最基本的功能性需求到更高层次的愉悦性、创造性需求，且底层基本需求是更高层次需求的基础。如图3-4所示：

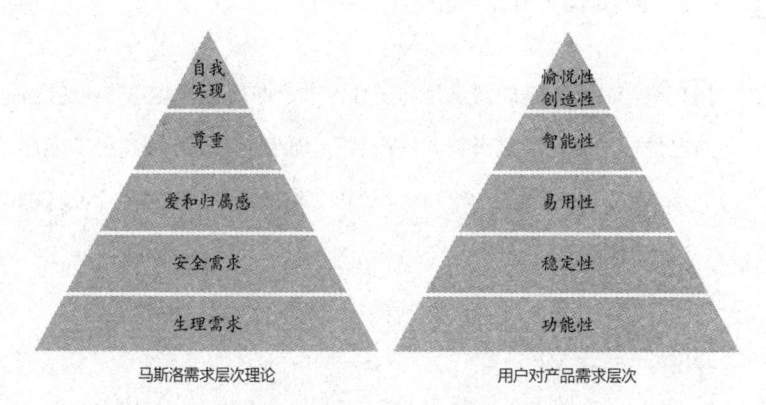

图3-4 马斯洛需求层次理论和用户对产品需求层次

与生理、安全、爱和归属感、尊重、自我实现这五大逐步递进的需求层面相对应，用户对产品的体验诉求依次为：有没有好的产品，即市场中有没有能够满足用户痛点的产品；产品能不能用，即产品功能特性是否满足了用户需求；产品好不好用，即产品的稳定性、易用性问题；产品用得好不好，即产品是否让用户使用起来得心应手，从而具有足够的吸引力；产品有哪些可以优化与完善的地方，即产品是否能够及时感知并灵活应对快速变化、个性多元的用户需求，从而吸引用户参与产品过程。

用户与消费者、顾客不同，不是单纯购买和消费产品，而是与产品有着长久深度的交互，是产品从上线运营到交付使用这一成长过程的见证者、参与者，对产品有着更多的体验诉求。因此，随着互联网商业的深化发展，企业的价值点已从内部转移到外部用户身上。产品人需要以用户体验为核心，在产品全流程中合理融入用户体验要素，充分满足用户不同层次的体验诉求。

3.3.2 有没有好的产品

用户对产品最基本的需求是功能性需求，即产品所具有的功能能否满足自己的需求，产品是否算"好产品"。而为了赋予产品这种功能性，产品运营人员首先需要明确产品定义和"好产品"的定义，以及做好"好产品"运营推广。

明确产品定义

产品定义（Product Definition）指的是与产品相关的所有要素。为了明确产品定义，企业中的产品运营人员一般需要采用产品需求文档（Product Requirement Document，PRD），其通常包含产品具有的功能、产品的目标用户、相关竞品分析、产品期望的愿景、产品销售及维护等。

有的时候企业推出一款产品时可能并没有严格按照产品定义流程进行，而是简单地基于领导愿景和模糊的目标市场做产品，因此没有明确的产品定义，自然也难以满足用户诉求。从增量时代到存量时代，随着市场竞争愈演愈烈，产品人更应该对自己的产品负责，遵循产品定义流程，在充分进行市场与竞品分析的基础上，明确产品战略目标和产品价值点，以便在产品推出后能迅速获得用户的关注和认可。

明确"好产品"的定义

所谓"好产品"，就是直接满足用户某种需求或者能够间接挖掘、培育用户某种需求的产品。要做出一款"好产品"并不容易，需要企业通过与用户长期深度的交互，把握用户日常生活与行为习惯，从中敏锐感知并精准挖掘用户需求和痛点，从而使产品得到用户的认可和青睐。

此外，在产品众多且同质化严重的市场环境中，使一款产品赢得大多数用户青睐是一件小概率事件，因此产品团队可以另辟蹊径，聚焦小众市场，通过深耕细分小众群体发现并打造"好产品"。

做好"好产品"运营推广

只有更多的人知道并愿意使用产品，产品才能发挥出真正的价值。在信息极度膨胀和快速更新的数字时代，产品运营对用户的导入、留存和变现十分重要，甚至在一定程度上可以说"好产品"是通过成功的运营塑造出来的。

用户对产品的使用是需要付出一定成本的，企业应注重对产品的引导性提示的设计，最大限度地降低用户的学习使用成本，以吸引更多的人进行产品体验。同时，优秀的宣传语对增强产品推广效果也十分重要，如支付宝的"便捷生活，一点就好"、微信的"微信，是一个生活方式"等，就极大地激发了人们的产品使用兴趣，为产品带来了更多用户。

3.3.3 产品能不能用

所谓"产品能不能用"，即产品具有的功能是否满足用户的特定需求，主要包括以下两个方面。

第一，产品功能能不能用。产品设计是否符合用户的行为习惯，使用户能够顺利完成产品操作。如果用户不能顺利使用产品，那么即便产品再好，对用户来说也是"鸡肋"，而糟糕的使用体验显然也很难吸引用户重复使用。

第二，产品功能有没有用。用户使用产品之后是否满足了自身需求、达到了预期效果。用户如果没能通过使用产品获得想要的效果，便会对产品感到失望。这时可以通过折中的使用体验满足用户诉求，从而不至于让用户"远离"产品。同时鼓励用户反馈对产品的意见，根据用户的反馈不断优化和完善产品，以满足用户对产品功能性和体验的需求。

从用户角度来看，人们总是带着特定的目的和期待选择使用某个产品，若产品无法达到这一目的或期望，用户便会感到失望，甚至会放弃使用该产品。因此，产品"能用"是一个基本要求，既是企业对自己产品负责的表现，也是吸引和留存用户的必然要求。

在市场需求快速变化、个性多元的互联网商业时代，产品不可能也没必要满足所有用户的需求，但这也反过来要求企业更加重视目标用户对产品的功能性诉求和体验期待。如果一个产品连目标用户的需求都无法满足，那么其对用户来说便没有任何价值，自然也难以在竞争激烈的产品市场中立足。

需要注意的是，在用户更加注重多元化、个性化、定制化体验的新常态下，如果产品不能激发用户的使用意愿，那么就表明该产品没有找到用户的真正需求，没能达到用户对产品"能用"方面的要求。这时就需要产品人与用户进行深度持续的交互，以重新定位用户需求和痛点，设计出真正契合用户需求的产品。

3.3.4 产品好不好用

功能性标准是吸引用户的前提，而产品的好用与否则关系到用户的留存。特别是在竞争激烈的互联网商业市场中，除了"人无我有"的蓝海市场，其他产品都必须考虑如何在同质化的产品竞争中吸引用户的问题。

具体来看，可以从下面几点对"产品好不好用"进行评价。

第一，从操作流程的角度，好用的产品应该是在满足用户需求的基础上尽量简化使用流程，能为用户带来便捷、高效、优质的产品使用体验。比如，用户通过电商平台购买某个商品，需要六个步骤完成购物流程和只需三个步骤便能完成购物流程所带来的体验是不同的；同样，只有注册用户才能通过平台购买商品和不用注册登录便可直接下单的购物体验也截然不同。

第二，从使用界面的角度，产品的整体界面布局和视觉设计对产品的好用性体验也十分重要。界面布局对用户的操作行为有很大影响，单个页面中操作流程的最佳排版模式是直线型,多个页面的操作则可通过Tab进度条操作对用户进行引导,帮助用户简单便捷地完成产品整体操作流程。

除了以上提到的两个方面外,界面的视觉设计也对优化用户使用体验有所助益。通过对目标用户进行分析,可以较为精准地把握用户的审美偏好、操作习惯等,由此便能够设计出符合用户喜好的产品界面,为用户带来更好的使用体验。比如,小红书作为一个生活方式平台和消费决策入口,其主要受众为热爱分享生活的年轻女性,因此,小红书的设计风格简洁明快、充满活力,使用界面高度自由化。

3.3.5 产品用得好不好

这一要素对提升用户忠诚度、培育粉丝用户十分重要,而粉丝用户的多少又对产品价值有着较大影响。具体来看,要想让用户在使用产品时感觉"很爽",首先,需要在视觉设计上下功夫,通过良好的视觉设计为用户带来愉悦的使用体验,让用户在使用产品时觉得"很酷",从而增加用户的好感度和体验度,使用户感受到企业是在用心做产品的。

其次,创造意料之外的"惊喜"也有利于提升用户对产品的忠诚度,让用户获得"爽"的使用体验。在同质化的市场竞争中,若一个产品只是满足用户的预期目的,那最多只会让用户觉得这个产品"还可以",并不会让用户特别青睐或忠诚于该产品,因为使用其他具有相同功能特性的产品也能满足预期需要。只有用户使用产品时获得了超出预期的体验和价值,才能激发起用户对产品的深度兴趣,让用户觉得这个产品"挺不错"甚至"很好",对产品有着较高的忠诚度。至于这个

"很好"会达到何种程度，则与用户使用产品时获得的"惊喜"密切相关。

很多企业或产品人都已经注意到，赋予产品超出用户预期的更多价值能够有效提升用户体验。如在产品核心功能之外堆积附属功能、拓展功能和关联功能，通过一个产品满足用户在不同场景下的功能诉求，为用户提供一体化的问题解决方案等。不过，需要注意的是，在产品中叠加过多功能容易稀释甚至消解产品核心功能的价值，甚至使产品丧失自身特色和竞争优势。

当前较为普遍的做法是以工匠精神把产品的核心功能做到极致，通过远超同类产品的极致体验吸引和留存用户。比如，当前有很多摄影与录像类App，但受到用户青睐的却只有几个，原因就在于这些成功突围的产品精准地把握了用户痛点，通过简化操作为用户带来了远超预期的极致使用体验。

3.3.6 产品还有哪些方面可改进

这一环节需要用户的主动参与。通过用户反馈发现产品的不足之处，从而不断改进优化产品。其实，当用户愿意主动参与产品流程，对产品提出自己的想法和意见时，就已经证明产品取得了一定的成功，在某些方面对用户有着足够的吸引力，从而使用户愿意为产品的优化完善建言献策。

在产品极大丰富的存量时代，当某个产品让用户感觉"不爽"时，用户完全可以重新选择其他具有同类功能特性的产品来满足自己的需求。因此，当用户愿意停留下来提出自己对产品的想法和创意时，就表明该产品能够解决用户的一部分问题并带来了较好的使用体验。这时产品人需要对用户的意见进行专业性评估,以决定是否采纳用户的想法。同时,在这个过程中,不管用户的意见最终是否被采纳,都加深了其与产品的关联,满足了更高层次的自我实现诉求。

在以用户为中心的移动互联时代,不论是框架设计、信息架构还是界面、视觉设计,与产品相关的任何方面都应该始终围绕用户体验展开,以做出让用户使用起来"很爽"的好产品为出发点和归宿,既满足用户的功能性需求,又为用户带来预期之外的更高层次的愉悦性、创造性价值。只有如此才能成功获取并留存用户的注意力这一稀缺资源,为产品后续的价值发挥奠定基础。

04 用户运营

4.1 用户调研的步骤与方法

4.1.1 确定调研对象和目标

企业在进行产品开发之前通常会执行一系列操作,以保证产品具有可观的市场潜力,而用户调研就是最为常用的方式之一。用户调研的流程通常遵循"收集调研信息—整理信息—归纳和分析信息"三步走的策略。而在正式执行用户调研之前,确定调研对象和调研目标也至关重要。

确定调研对象

企业进行用户调研首要且重要的便是确定调研对象。从理论层面来看,理想的调研对象应该与企业或待开发的产品具有一定的关联性,比如企业的用户、该类产品的目标用户等。此外,由于被调研对象可能存在身份、经济实力等方面的差异,因此其所提供的信息也会有所不同。

我们以企业的成员作为调研对象举例说明。由于企业中的成员根据职级可以分为高层管理人员、业务经理等,因此其能够提供的信息会有所偏重：当被调研对象为高层管理人员时，其会从企业的长期规划和发展目标角度提供信息；当被调研对象为业务经理时，其会从管理方式角度提供相应的建议；当被调研对象为操作人员、财务人员等时，其会从具体业务操作或财务工作等方面提供意见。

由此可见，当调研对象不同时，具体的调研方案也应该进行调整，如表4-1所示：

表4-1 不同调研对象的调研方案示例

调研对象	产品阶段	话题	目标
高层管理人员	需求定义初期	问题/期望	探讨系统的目标及范围
业务经理	需求定义初期/中期	业务事件/管理方案	厘清业务脉络与工作流程
操作人员	获取需求/解决问题	业务活动/操作流程	获得操作过程
财务人员	获取需求/解决问题	安全性/流程	获得财务流转及安全性问题

由于产品面对的目标用户可以被细分为不同的用户群体，用户群体之间的需求可能具有差异。之所以选取背景不同的调研对象，就是为了尽可能满足不同用户群体的需求。

确定调研目标

通过用户调研，我们可以获取不同用户对产品的不同想法，但是产品的设计和生产也不一定要以满足所有人的需求为目标，具有鲜明的产品特性和明确的产品定位同样至关重要。为此，产品经理一定要处理好用户需求和产品定位之间的关系，以符合用户习惯为切入点，着重突出产品特性，让更多用户接受产品，从而创造出更大的价值。

产品有其自有的生命周期,在这个生命周期的不同阶段,用户调研所承担的使命和所发挥的作用是不一样的。在初期,我们可以以产品调研结果为依据,构建出符合用户需求的产品系统;在产品上线之后,我们可以收集用户的反馈信息,并以此为依据对产品的业务流程或者客户体验进行改进。如表4-2所示:

表4-2 不同调研对象的调研目标示例

调研对象	目标	计划要点	备注说明
高层管理人员	探讨系统的目标及范围	理解部分主要问题;提供相应案例的解决方案;列举潜在问题	确定系统的范围,确认已知的问题,探讨潜在的问题,标示关键点
业务经理	厘清业务脉络与工作流程	列举相关业务事件;准备与业务事件相关的关键性问题;收集审批流程/权限的设定及业务部门边界	确定业务事件的流程,明确控制点及审批流程
操作人员	获得操作过程	罗列相关业务活动;获取相关业务规划及数据字段信息等;获取相关业务节点和流转过程	从基本情况、设计约束等多个角度设计问题
财务人员	获得财务流转及安全性问题	获得财务统计方式;获得财务对业务的必要数据字段信息;获得财务对业务节点的介入时机及方式	确定财务审批流转方式、业务数据字段信息等

对用户调研来说,最关键的一步就是明确调研目标,只有这样才能达到预期的调研效果,才能获取有效的用户观点和行为,从而验证假设或量化结果。

在用户调研的过程中,用户经常会面对"您想要什么功能""您认为这个系统怎么样"等问题。殊不知从这些问题开始,用户就被引导到了一个错误的方向。成熟有效的用户调研,不应让用户告诉你该如何构建系统，而是要以用户对业务的描述及用户的使用习惯为依据来构建系统或者改进系统架构。因此，为了保证产品的调研效果，在调研之前必须设立目标，然后再以这个目标为核心开展调研活动。

4.1.2 选择合适的调研方法

开展用户调研的方法有很多，比如可用性测试、眼动实验、用户访谈、问卷调查、A/B测试、焦点小组、参与式设计等。这些方法各有优劣，我们要根据产品所处时期选择合适的调研方法。

所谓"合适的调研方法"，一方面是指产品调研要适合产品规模，另一方面是指产品调研要适合公司规模。比如，一些中小型公司的产品调研没必要进行可用性测试。为了帮助产品经理选择合适的调研方法，下面介绍几种较为通用且效果较好的调研方法。

用户访谈法

在产品调研的众多方法中，用户访谈法是最直接有效的一种方法。通过访谈，产品经理能够和用户进行长时间、深层次的交流，能够更为容易地获取用户的真实想法，能够解决好用户的一些特定问题。在明确了产品调研目标之后，调研者要对提出的问题进行仔细的推敲，以便更好地完成产品调研目标。

问卷调查法

问卷调查法是一种大家最熟悉的调研方法，问卷调查模板如表4-3所示。问卷调查法有很多优势，比如调查的范围广、获得的反馈多、数据统计与分析比较方便等。缺点是调研的深度不够，问卷设计会在一定程度上左右用户的答案。因此，对问卷调查人员来说，做好问卷设计是决定调查质量的关键因素。

表4-3 问卷调查模板

问题	结果	分析	分析结果（问题解决方案）	备注

一份优秀的问卷需要注意两个问题：一是问卷的篇幅；二是问题的类型。一般情况下，用户回答完一份问卷所用的时间应控制在十五分钟以内，且问题要具体。在设计调查问卷的问题时，要尽量使用半封闭与开放式的问题，以引导被调研者进行更多的思考，从而获得更为准确的调研信息；要规避那些封闭式的问题，因为这种问题很容易对被调研者产生诱导，导致调研结论不准确。

情景调查法

情景调查法又称现场观摩法。到目前为止，该方法更多的是场景的再现。简单来说，就是创设一个大多用户平时使用被调研产品的情境，观察在该情境下用户对产品的操作过程。这种做法能够帮助产品调研人员在用户需求和业务流程方面建立更为直观的认识，了解更多细节。同时，情景调查法也可以帮助产品调研人员在观摩的过程中进行更多的思考，对整个任务的步骤进行总结，从而厘清任务的开展脉络。

4.1.3 问题访谈顺序安排

在使用问卷调查法或者用户访谈法开展产品调研时，要根据业务逻辑来安排问题顺序。要想在访谈中以最小的时间成本获取最有价值的信息，可以采取"问题组"的方法，以循序渐进的方式切入。具体来说，在安排问题顺序时可以使用的方法有金字塔结构、漏斗结构和菱形结构。

金字塔结构

使用金字塔结构来安排问题利用的是归纳的逻辑。使用这种形式对问题进行安排，调研者提出的问题需要非常具体。一般情况下，开始的时候会安排一些封闭式的问题，之后会有一些半开放式的问题，并且在调研的过程中会鼓励被调研者对问题进行拓展，如图4-1所示。

金字塔结构的问题访谈顺序通常应用于调研过程的开始和结束环节。在调研刚开始时，如果被调研者还没有进入状态，需要对调研话题进行预热，就可以采用金字塔结构来对问题的顺序进行安排；在调研准备结束时，也可以使用金字塔结构来安排问题顺序。

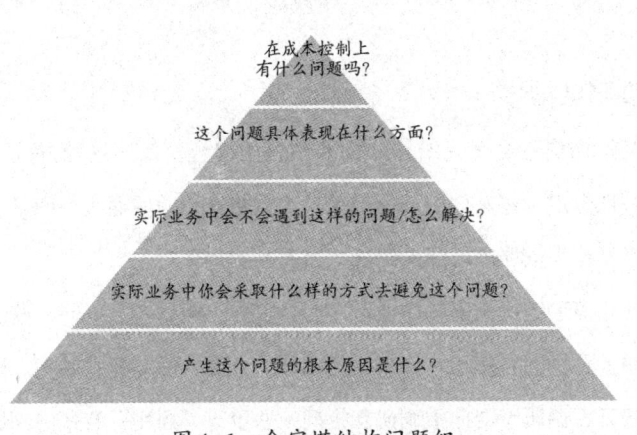

在成本控制上有什么问题吗?
这个问题具体表现在什么方面?
实际业务中会不会遇到这样的问题/怎么解决?
实际业务中你会采取什么样的方式去避免这个问题?
产生这个问题的根本原因是什么?

图4-1 金字塔结构问题组

漏斗结构

使用漏斗结构来安排问题利用的是演绎的逻辑,是把问题逐步聚焦的过程。这种结构通常会以开放式的问题开始,然后再使用封闭式的问题来缩小范围,如图4-2所示。

漏斗结构的问题访谈顺序能够以一种轻松的氛围展开调研,如果在调研的过程中,被调研者因某个话题产生情绪波动,调研者就要合理地调整问题顺序,以被调研者的回答为依据决定问题的深入程度。

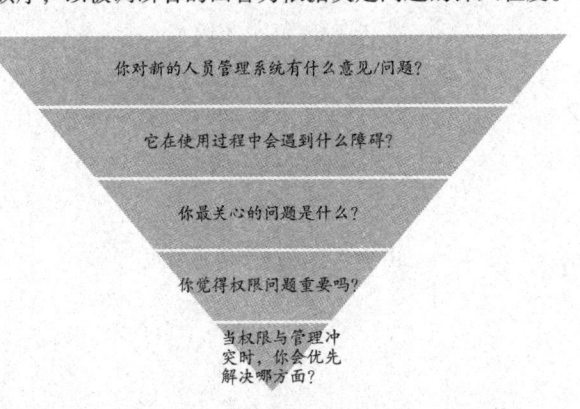

你对新的人员管理系统有什么意见/问题?
它在使用过程中会遇到什么障碍?
你最关心的问题是什么?
你觉得权限问题重要吗?
当权限与管理冲突时,你会优先解决哪方面?

图4-2 漏斗结构问题组

菱形结构

菱形结构是金字塔结构和漏斗结构的组合。使用这种方式组织问题，一般会以一些具体的问题开始，之后再使用一些通用性问题，最后以某个结论为依据进行深入调研，如图4-3所示。

使用菱形结构的问题访谈顺序时，首先，调研者会提问一些封闭式的问题，这些问题都比较简单，为调研的开展做好铺垫；其次，随着问题的展开，调研者会向被调研者提问一些没有"通用"答案的问题；最后，调研者会根据被调研者的回答，针对某一问题深入开展调研以得到明确的答复，从而完成一组完整问题的调研。

图4-3 菱形结构问题组

4.1.4　用户调研结果分析

在用户调研的全过程中，最为重要的一个环节就是对调研结果进行分析。如果将用户需求比作一条河流，那么通过调研，我们看到的往往是河流下游的东西，也就是那些"看得见的需求"，即用户自己能够意识到的对产品功能等方面的要求。但这条河流的源头在哪里呢？这就需要我们根据得到的线索去搜寻，也就是要获取用户"未意识到的需求"和"看不见的需求"。

未意识到的需求：用户具有但却未主动意识到的需求，这部分需求需要运营人员根据实际调研分析得到并提出合理的解决方案。

看不见的需求：产品方给予用户的需求，这部分需求需要运营人员根据实际调研结果对用户心理进行深度剖析后提出用户意想不到的解决方案。

因此，在用户调研完成之后，需要对调研的过程和获得的结果进行分析总结，大胆提出设想，并通过实践进行验证。同时，对用户的想法进行分析可以让运营人员对用户提出某种需求的原因进行深入了解，从而判断是否对需求进行回应。

在对用户调研完毕之后，运营人员还需要进一步对用户体验进行研究。用户体验研究方法大致可以划分为定性研究和定量研究。定性研究主要用于确定问题的大致方向，这种研究方法操作起来比较简单，但预测结果的准确性较差；定量研究主要用于获得比较精确的结果，以便于后续的分析和调整。这两种研究方法虽然各有优缺点，但由于侧重点不同，因此经常被搭配使用。

综上所述，通过对用户调研结果的分析，能够了解用户的需求和偏好。但一款产品不可能满足所有用户的需求，因此企业的产品经理需要更为清晰地选择产品的目标用户，并进行明确的产品定位。

4.2 用户运营实战技巧与攻略

4.2.1 用户运营的三个阶段

互联网时代下的任何商业行为都只有以用户为中心、围绕用户需求和体验展开，才有可能获得成功。因此，用户也是产品运营最重要的因素之一，换句话说，产品运营很大程度上就体现为用户运营。

用户运营是指以用户为中心，围绕用户需求设置运营活动与规则、制定运营战略与目标、控制实施过程与结果，从而实现预期目标与任务的运营行为。互联网商业时代，产品运营主要体现为用户运营，其他运营行为如活动运营、内容运营等都是为用户运营服务的。

从运营目标来看，所有的用户运营都是围绕三个核心目标展开的：第一，用户规模的扩大，吸引更多用户使用产品，扩大产品的目标用户规模；第二，活跃用户规模的扩大，提高用户的产品使用频率，提升用户的活跃度；第三，用户的商业化程度，通过向用户进行前端或后端收费提升产品的商业价值。

产品要实现盈利目标就必须进行用户商业化运作，商业化运作又需要以一定规模的活跃用户为基础，而活跃用户的规模则受到整体用户数量的影响。因此，不同产品的用户运营侧重点虽然有所不同，但基本上都是围绕上述三个紧密相连的核心目标展开的。

产品都有各自的生命周期，不同生命周期的产品对用户运营也有着不同的要求，因此用户运营也具有明显的阶段性特征。产品生命周期决定了用户运营的阶段。从用户运营的三个核心目标出发，可以将用户运营分为三个阶段，如图4-4所示：

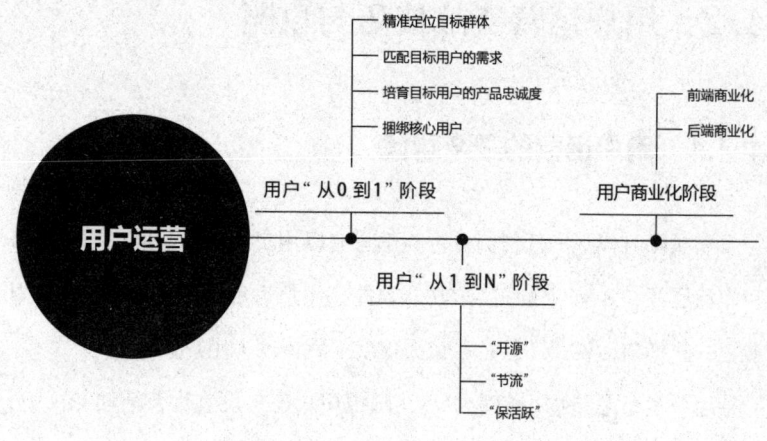

图4-4 用户运营的三个阶段

用户"从0到1"阶段

这个阶段对应产品的探索期，运营的核心目标是明确产品的目标用户并满足用户需求，即精准定位目标群体—匹配目标用户的需求—培育目标用户的产品忠诚度—捆绑核心用户。

具体而言，首先，根据产品定位和产品调性去寻找目标用户群体，需要注意的是这个过程中的产品定位可能会随时变化；其次，从目标群体中筛选出在这一阶段会真正使用产品的用户,因为并非所有目标用户都会在产品刚上线时就去使用产品;最后,匹配到会使用产品的目标用户后,接下来就是通过多种手段培育用户忠诚度,形成良好用户口碑,获取口碑传播效益。

上述流程在企业运营中应用较多,不过,用户运营绝不止步于此,后面还有十分重要的一环——捆绑核心用户。这里的核心用户是指对整个用户群体的大规模增长和留存具有重要影响的用户,如意见领袖、微博大V等。只有完成了这一步,用户运营才能建立起自我良性循环的生态体系,产品也可以从探索期进入大规模推广阶段。

用户"从1到N"阶段

这一阶段对应产品的发展期和成熟期,核心目标是实现用户规模增长和提升用户活跃度。因此,用户运营的侧重点是"开源""节流""保活跃"。"开源"就是开拓更多获取用户的渠道,实现用户规模的不断增长;"节流"即用户留存,通过多种有效手段避免用户流失;"保活跃"则是让用户与产品建立深度联结,提升用户活跃度。

这一阶段的用户运营虽然不难理解,但并不容易做好,因为不同产品在这一阶段的用户运营策略有着较大差异,同时运营人员还要充分考虑资源、时机、市场环境等诸多影响因素。

用户商业化阶段

用户商业化运营大多在产品成熟期进行,也有一些消费性产品在成长期就开始围绕核心价值开展用户商业化运作。用户商业化是基于产品的自然延伸,可分为前端与后端两个方向:前端即直接向消费者收费,实现产品营收，多表现为增值服务和用户付费，如QQ的付费会员模式；后端则是产品作为平台方，通过获取广告费、佣金、服务费等实现商业化。

4.2.2 寻找正确的目标用户

对任何产品来说，实现"从0到1"的突破都是极为关键和重要的一环，它直接决定了产品能否存活下去及能否在市场中站稳脚跟，同时这也是开展后续运营的基础和前提。对企业而言，无论是做产品还是做运营，首先必须寻找正确的目标用户。原因在于：产品需要根据目标用户的需求进行设计开发；运营则需要知道目标用户在哪里，以便让用户使用自己的产品并及时获取用户反馈信息。

要寻找正确的目标用户，首先应进行细分市场定位。好的细分市场应满足两个关键点：

其一，市场空间要适度。从理论层面来看，理想的细分市场的空间不能太大也不宜过小。市场空间越大，竞争者往往也会越多，作为初入市场的"新手"很难与巨头抗衡；市场空间太小，则没有多少发展空间，不利于产品的可持续成长。

其二，市场应处于剧烈变化中。不论是技术层面的变革、政府监管政策的变化还是商业模式的创新，只有市场处于大变化中，作为后入局者才可能获得更多的机会和发展空间。比如滴滴出行的爆发式成长就主要得益于移动互联网对传统交通出行模式的颠覆变革。

找到最佳的细分市场和目标用户后，接下来的运营重心是寻找正确的用户群体，即明确用户是谁、在哪里、有多少等问题。完成这些工作后,另一个需要处理的关键问题是找到真正使用产品的第一批用户。

在产品刚刚上线时,一些功能还处于探索阶段,产品体验并不完善,因此不是所有的潜在目标用户都会接受和使用产品。通常来看,这时愿意使用产品的多是对产品有刚性需求或乐于尝试的用户,与此同时,这类用户也更愿意花费时间、精力给予产品反馈。

以育儿软件为例,对年轻一代的父母来说,在养育孩子的过程中,他们不仅喜欢利用音频、照片、视频等记录、分享孩子的成长,还希望能够获得专业、靠谱的育儿知识。因此,如果有一款软件能够提供良好的解决方案,那么它肯定会吸引用户目光,让用户去尝试使用,而且用户对产品也会具有更高的容忍度,并愿意通过积极反馈自己的使用体验等方式参与产品的优化改进过程。

4.2.3 精准获取初期用户

明确了产品的目标用户群体,接下来的关键是如何精准地获取第一批初期用户。由于探索期的产品大都尚未开始盈利,因此通常不会有太多预算用于获取用户,同时,这一阶段的产品运营追求的是用户质量而非数量,即需要获取的是容易实现商业转化的精准用户。对此,运营人员可以从目标用户群体出发,逆向推导获取产品初期用户的渠道。

以前面提到的育儿软件为例,其针对的用户是母婴消费群体。根据用户的应用场景,可以将母婴用户需求分为线上场景需求和线下场景需求,前者如在线问诊、母婴电商、妈妈交流社区等,后者如儿童医院、母婴用品店等,如图4-5所示。运营人员可以从上下游需求场景中明确母婴用户群体的消费场域,即获取用户的渠道，然后结合运营团队的资源，筛选出最适合自身产品的用户获取渠道。

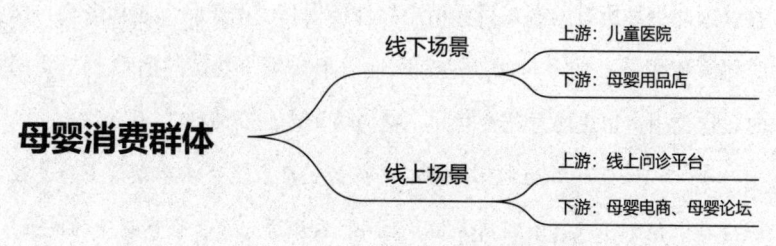

```
                        ┌─ 上游：儿童医院
              线下场景 ──┤
              ┌────────┘└─ 下游：母婴用品店
母婴消费群体 ─┤
              └────────┐┌─ 上游：线上问诊平台
              线上场景 ──┤
                        └─ 下游：母婴电商、母婴论坛
```

图 4-5 母婴消费群体的运营场景

如果运营团队在优质内容创作方面具有优势，就可以在线上母婴社区中持续输出优质内容，以此将社区用户转化为自己的产品用户。也就是说，获取初期用户的过程其实是产品运营团队基于自身的资源对用户获取渠道进行评估和优化的过程。

找到目标用户后，要想真正低成本且精准地将这些用户转化为产品初期用户，运营人员还必须充分考虑到场景因素，如希望用户在某种场景下完成什么行为、何种用户行为与产品核心价值高度契合等，并在此基础上有效引导用户完成期望的行为。

4.2.4 培养用户的忠诚度

在获取第一批种子用户后，接下来最重要的工作是通过维护这些初期用户，与他们建立起强情感联结和信任关系，最终将他们培养为产品的忠诚用户。如果第一批种子用户不能成为产品的忠诚用户，那么可能就意味着产品存在某些方面的不足，这时就需要运营人员积极获取用户反馈信息，通过不断优化完善产品来充分满足用户的需求。

更重要的是，运营人员要在此过程中探索并建立一套培养用户忠诚度的有效机制，为后续大规模的拉新、留存做好准备。否则，在后期产品成长阶段获取再多的新用户也容易很快流失，这不仅不利于培养良好的用户口碑，还会造成大量资源的浪费。

具体来看，培养目标用户的忠诚度大致需要经历"无忠诚—习惯—满意—有感情—忠诚"五个阶段，如图4-6所示：

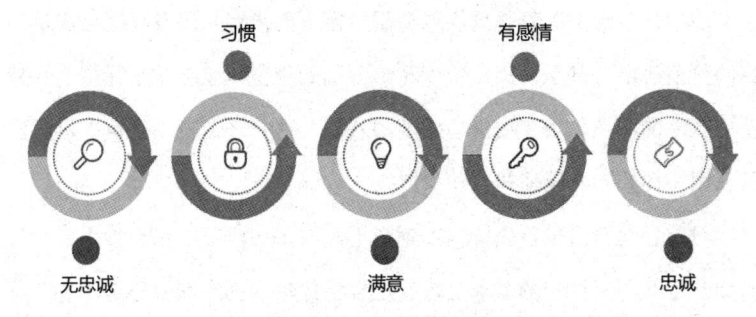

图4-6　培养目标用户的忠诚度的五个阶段

从"无忠诚"到"习惯"

从企业良性发展的角度来看，产品需要做到可用、易用、好用，让用户第一次使用后就认可、喜欢产品。只有这样才能通过有效运营占据用户心智，使用户有相关产品需求时第一个想到的就是自己的产品，并最终与产品建立深度联结。

以电商平台为例，运营人员可以通过渠道投放、落地页、启动页等树立安全、实惠、便捷的平台形象，给用户留下深刻的印象，使用户有购物需求时便能够率先联想到这一平台，从而逐渐培养用户使用这一平台购物的习惯。比如，作为全球最大的中文旧书网上交易平台，孔夫子旧书网的平台口号为"花少钱，买好书",从诞生之初平台就吸引了一批有古旧书交易需求的用户。

在用户从"无忠诚"到"习惯"的过程中,比较关键的一环是要让产品能够提供满足用户需要的优质内容和服务,从而精准把握用户需求并进行消费选择引导,通过差异化营销占据用户心智。

从"习惯"到"满意"

使用户"满意"就是提供符合用户需要的内容和服务,充分满足用户的价值诉求,甚至为用户带来超出预期的价值体验,这是让用户保持使用产品的习惯、培育用户忠诚度的基础。这一环节要求运营人员对产品和用户体验有着较强的感知和把控。

对此,运营人员首先应精准刻画用户在每一环节的核心行为,然后明确几个问题:用户的需求是什么?自己提供的内容和服务是否能充分满足用户的需求?围绕用户的预期采取何种方式能够获得最佳效果?

仍然以电商平台为例,当消费者进入电商平台购物时,需要完成以下几个动作:注册、登录、查看商品、下单购买、支付订单、收货和确认订单。在这一流程中,运营人员要从用户角度出发,处理好每一步的细节,充分满足用户的需求。

比如,注册环节支持用户自由选择通过第三方登录或手机号免密登录,尽量减少注册时间和操作步骤。在查看商品环节,要考虑如何让用户更便捷地找到所需产品,优化商品分类,做好个性化推荐。在下单购买环节,如果用户需要的商品暂时缺货,用户可以选择补货后短信通知等。

虽然以上环节属于产品设计部分,但要提升细节体验必须对用户有着全面深刻的理解,运营人员作为距离用户最近、与用户交流互动最频繁的人，在这方面显然更具优势。

从"满意"到"有感情"

要使用户"有感情"就需要赋予产品人性化的因素，并与用户建立起密切的情感联结。这一步的关键在于运营人员需要通过产品与用户进行持续深度的互动，让用户感受到产品不是一个冷冰冰的"符号"，而是有"温度"、有"故事"、有"情感"的人格化形象。

要使用户与产品建立情感联结，首先要明确产品属性，然后根据产品特质和用户需求明确用户运营的侧重点。比如，微博这类社交属性的产品要实现与用户的情感联结，就要在运营中有意识地引导用户进行分享、互动等社交行为，让用户真切感受到通过平台可以认识兴趣一致的新朋友。当用户与其他用户建立联结后，就会把对其他用户的情感延伸到产品上，对产品产生依赖。

需要注意的是，培育用户对产品的情感，除了通过线上的沟通互动外，还可以通过线下场景的优质服务让用户形成鲜明深刻的印象，从而占据用户心智，与用户建立情感联结。比如，当人们看到身着京东配送服的配送人员时，就能够联想到京东提供的便捷的购物和配送服务。

从"有感情"到"忠诚"

让用户对产品"有感情"，就需要基于自身定位积极与用户沟通交流，产生更多有价值的互动；同时，运营人员还要投入人力、物力等资源对用户进行持续经营，增强用户与产品之间的情感联结。

接下来，产品运营的重点就是将用户对产品的情感转变为对产品的忠诚，即在用户有相关消费需求时，该产品能够成为用户的唯一选择。

同时，运营人员还要通过不断的用户维护尽可能提升用户对产品的忠诚度。

4.2.5 捆绑核心用户群体

要扩大用户规模并提升用户的忠诚度，往往需要企业投入大量资源，但这对资源有限的企业或仍处于起步阶段的初创企业来说并不现实。在这种情况下，最佳的解决方案就是捆绑核心用户，将有限的资源投入对核心用户的运营维护上，进而借助核心用户的引导和带动作用，实现产品后续"从1到N"的爆发式成长。

核心用户是指对产品运营具有重要作用、能对其他消费者产生影响的用户，如社交类产品中的KOL、电商类产品中积极进行分享的买家等。其实，当产品运营找到了正确的目标用户，精准获取初期用户并完成用户忠诚度的培育后，核心用户群体的捆绑便水到渠成。

要捆绑核心用户群体，运营人员就需要结合产品核心业务，对符合产品价值的用户进行有效激励。常见的用户激励方式包括打造积分与用户等级机制、进行礼品赠送等。此外，不同类型的产品的用户激励方向也有较大差异，如社区类产品的用户激励方向可以是鼓励用户进行内容创作输出，电商类产品的激励方向是吸引用户购买商品并进行评论和分享。虽然方向不同，但运营的最终目的都是深度捆绑核心用户，并激发核心用户的活跃度，从而有效提升用户对产品的忠诚度。

4.3 搭建完善的用户激励体系

4.3.1 用户激励的三个要素

搭建完善的用户激励体系,可以让运营人员以较低的成本引导用户做出更加有利于企业的行为及决策。在诸多企业的实践案例中,我们可以看到积分、等级、特权、称号等各种类型的用户激励体系。企业搭建用户激励体系的终极目标无外乎提高用户黏性,促成更多的购买转化,使自身获得更高的利润回报。

用户激励体系在用户增值体系中扮演着十分关键的角色。满足用户需求、解决用户痛点是产品存在的核心意义,但在同质化竞争日趋白热化的局面下,仅做到这些还远远不够,产品还要吸引用户关注、留住用户,只有这样才能充分发掘用户价值。而用户激励体系能够有效提高用户活跃度,延长产品生命周期,降低用户运营成本。所以,搭建完善的用户激励体系是企业实现基业长青的必然选择。

完善的用户激励体系应该具备以下三个核心要素,如图4-7所示:

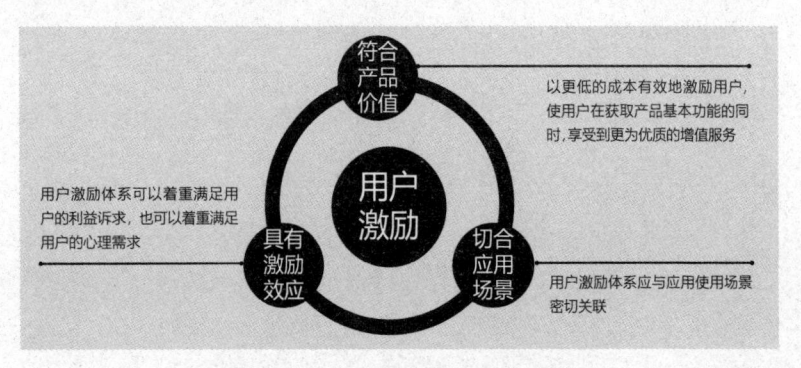

图4-7 用户激励的三个核心要素

符合产品价值

能够赢得用户认可的产品，必然存在其特定的产品价值，而构建用户激励体系只有基于产品价值，才能够以更低的成本有效地激励用户，使用户在获取产品基本功能的同时，享受到更为优质的增值服务。

谈起用户激励体系，腾讯的做法无疑值得国内企业充分借鉴。用户激励体系强调在为用户提供产品及基本服务的同时，能够拓展具备更高溢价能力的增值服务，从而既满足用户的品质消费需求，也为企业带来更多利润增长点。

腾讯的即时通信软件QQ的积分体系（以太阳、月亮为标识的等级制度）有效地提高了用户登录并保持一定在线时长的积极性。在QQ的积分体系（等级制度）中，高等级用户在好友人数上限和建群数量等方面享有更多特权，而针对QQ音乐、QQ空间、QQ秀、QQ游戏等设计的绿钻、黄钻、红钻、黑钻等增值服务，更是为腾讯创造了可观的收益。

产品的用户激励体系如果与产品价值不一致，就很容易让用户质疑产品的专业性。比如，社交类产品的产品价值主要是促进用户交流沟通，但如果其设计的用户激励体系是引导用户下载安装金融产品，就容易引起用户质疑，难以为用户带来良好的使用体验。

切合应用场景

和应用场景保持一致也是搭建用户激励体系需要重点考虑的内容。切合应用场景强调用户激励体系应与应用场景密切关联。比如，在游戏类平台中，高等级用户在称号、个人主页、虚拟道具等方面有更多特权，用户每天达到一定的游戏时长将获得实用性较强的虚拟道具等。

需要注意的是，构建用户激励体系不能给用户的核心产品体验带来负面影响。比如，游戏类平台的核心价值在于为用户提供极致的网络游戏体验，如果在用户处于游戏状态时频繁进行弹窗操作会导致用户的体验大打折扣。

具有激励效应

产生激励效应是用户激励体系中最基本也最核心的功能。能够深入分析用户需求、迎合用户习惯是激励作用的关键所在。如果奖励的特权或物品缺乏吸引力或者根本不是用户需要的，用户激励体系也就失去了其应有的价值。

用户激励体系可以着重满足用户的利益诉求，如提供代金券、免费产品体验等；也可以着重满足用户的虚荣心、荣誉感等心理需求，如QQ会员图标、王者荣耀段位等。在具体实践中，运营人员可以根据企业的发展状况、用户群体特性、产品性质等，明确用户激励体系提供的特权或物品对应满足哪一方面的用户需求。

4.3.2 明确用户角色与行为

在产品上线初期,营销推广所带来的用户流量及企业此前积累的用户基础可能支撑起产品的稳定发展。但随着用户规模的不断增长,用户关系管理就成为产品价值提升的关键所在。所以,企业需要构建系统且完善的用户激励体系,来充分保证产品在整个生命周期能够实现健康稳定的发展。

对互联网企业来说,要想使用户激励体系真正发挥拉新、促活、留存、转化的作用,不能仅依靠某一个部门,而需要通过产品、市场、运营、售后等多个部门进行密切合作来达成这一目标。

作为国内现象级社交产品,微信从表面上看并不需要激励用户,因为它已经成为许多人生活中的重要组成部分。但这不意味着微信不需要进行用户激励,比如微信的核心功能是快速发送语音短信、视频、图片和文字,这种发送服务虽然是免费的,但需要耗费一定的流量,尤其是到月底等时间节点,许多用户可能会因为流量方面的限制减少使用微信的次数及时间。为了解决这一问题,微信和地方运营商联合推出通信套餐,当用户购买这些套餐时,可以免流量使用微信,如此便可以有效解决微信的日活跃用户数在月底出现大幅度下滑的问题。

新浪旗下的社交媒体平台及软件——新浪微博的核心价值在于为用户提供信息的即时分享、传播互动服务。虽然像等级、勋章、认证等激励手段能够起到一定的激励效果,但让微博用户积极发布信息的关键在于信息能够高效便捷地传递到目标受众,用户发布的信息能够快速传递给那些对此感兴趣并能够进行互动交流的群体。为此，微博的运营、产品、技术及数据分析部门就需要通力合作，以满足用户的核心诉求。

对企业来说，用户激励绝不仅是一个部门的事情。固然产品及运营部门在其中发挥的作用更为关键，但要想打造出完善的用户激励体系，需要整个组织对产品的各个环节进行调整，并在产品版本升级、功能设计及活动策划中始终明确用户群体的核心需求，在长期的发展过程中逐渐打造出完善的用户激励体系。

在搭建用户激励体系之前，企业首先要明确用户角色与行为。产品激励体系的构建主要是为了实现两个目标：表层目标及根本目标。前者主要是对用户行为进行激励，比如转发、点赞、评论等；后者则是使产品保持健康发展状态，避免被竞争对手推出的新产品所淘汰，从而导致用户集体流失。所以，企业构建用户激励体系首先需要明确用户扮演何种角色。

对知乎、今日头条等内容社区而言，运营方在鼓励用户生产内容的同时，还要考虑利用"二八"原则来引导绝大部分用户成为内容消费者；对王者荣耀等游戏产品来说，运营方不但要鼓励部分用户成为付费玩家，还要引导大量的免费玩家在游戏中扮演必要的角色，让更多用户获得良好的游戏体验。

明确用户扮演角色与行为的过程实际上也是企业对用户群体进行分类的过程。企业要思考在健康稳定的产品发展状态中，需要哪几类用户，他们在产品发展中发挥何种作用，又能为产品创造何种价值。当企业对用户群体有了清晰的定位后，便需要思考：用户的哪些行为能够为产品创造价值，对这些行为应该引导鼓励；用户的哪些行为会对产品发展带来负面影响,对这些行为要予以抵制。

新浪微博中的收藏、点赞、评论等行为是该产品保持较高用户流量及具备较高营销价值的关键所在,因此这些行为需要运营方积极引导;但攻击他人、散播谣言、传播色情内容等行为会对产品的发展带来负面影响,这些行为如果不能得到有效控制,可能会导致微博无法维持良性发展状态,所以微博对这些行为采取了禁言、扣分,甚至封号等惩罚措施。

4.3.3 选择合适的激励方式

提起激励方式,企业经常采用的均为等级、积分、荣誉勋章及物质奖励等方式。实际上,在针对产品采取具体的激励措施时,也可以从用户心理角度出发,分析哪些激励方式能够让用户产生更好的价值体验,哪些行为能够让用户以低成本的方式享受更为优质的服务。

物质激励

物质激励包括实物激励和虚拟物品激励两种。产品运营方应基于自身的业务性质、产品特性、用户群体特征等选择最适宜的物质激励方式,以引导用户做出符合运营预期的行为。

比如,社区类产品可提供玩偶等周边衍生品作为奖励,电商平台常以发放优惠券或满减券等方式刺激用户消费,游戏产品则主要以游戏装备作为奖励。此外,也有一些活动是直接进行现金激励的,如支付宝的"春节集五福"活动。

近几年,一些电商平台、短视频平台等推出了"邀请好友赚钱"的激励政策，将拉新活动变为老用户获得物质激励的方式，同时对新用户的奖励也非常具有吸引力。比如推出以下"邀请好友赚钱"的活动规则。

新用户奖励：赠送一定价值的新人大礼包，如无门槛现金券和满减优惠券。

老用户奖励：每天首次成功分享应用后都可随机获得金额不等的现金券；每成功邀请1名新用户领取新人礼包，可获得一定数额的优惠券；邀请的新用户成功完成第一次订单，再获得一定金额的现金券。此外，邀请人数不设上限，只要老用户能够带来新用户，便可持续获得相应奖励。

精神激励

精神激励是通过满足用户的存在感、荣誉感、身份特权等心理与情感诉求而促使用户做出符合预期行为的激励方式。以社区类产品为例，点赞、评论、关注、互动等都会让用户体验到一种存在感和参与感，从而提升用户活跃度和忠诚度。

一些产品以榜单的形式刺激用户不断做出符合平台预期的动作以占据榜单更靠前的位置，或者是构建一套荣誉等级体系，如QQ推出的以星星、月亮、太阳为标识的等级体系，就成功吸引了很多用户延长在线时长。此外，特权也是社区类产品常用的精神激励方式，如让那些活跃度和贡献度较高的用户做论坛版主或管理员，通过特权身份激励用户投入更大的热情和精力为社区服务。

作为国内最具有互联网思维的企业之一，小米科技在发展的过程中十分重视给予用户精神方面的激励。比如对在小米社区中为研发人员提供宝贵意见及建议的米粉，企业会采取相应的激励措施，从而极大地满足这些米粉的自豪感。

此外，企业会为米粉提供手机勋章及某些尊贵特权。如小米曾经在官方社区中举办了名为"一周酷玩讨论"的活动，并每周更新话题。虽然当时小米的产品及业务更多是在互联网、数码及手机领域，但注重用户体验的小米并没有将话题限制在这些领域。对那些有深度、有价值的内容，系统会将其置顶，争取让所有的米粉都能了解这些优质内容。

强调用户参与、注重与用户交流的小米，使大量的米粉积极参与互动活动。在和用户实现无缝对接的同时，用户之间也会分享与小米产品及服务相关的经验，这种用户广泛参与的方式极大地提升了用户的忠诚度，为小米品牌的口碑传播打下了坚实的基础。

4.3.4 制定合理的激励规则

用户激励涉及产品和运营两个方面，因此其实现途径可以从产品设计和运营行为两个角度切入。

产品设计

企业激励用户的手段一般具有长期性，需要贯穿产品整个生命周期，因此将激励措施合理融入产品设计之中能够有效提升用户激励的效果。在电商、社区、社交类产品中，比较常见的融入产品设计中的激励体系主要是积分、成长等级、勋章制度等数值体系。

京东平台的会员体系是根据成长值(即"京享值")将用户划分为不同级别的会员,京享值越高的用户可以享受到的特权越多。京享值的累积基于平台期望用户做出的行为,如登录、签到、购物、评价、晒单等,每一项行为都有对应的京享值。京享值的总额决定了用户的会员等级,平台明确规定了不同级别的会员能够获得的奖励和优惠。

除了会员体系,京东平台还设置了一个京豆体系,且两者具有一定的关联性,如高等级会员进行评价、晒单等行为能够获得额外的京豆奖励。京豆在购物时可以抵扣现金,因此能够激发用户参与平台活动的积极性。

腾讯QQ也构建了一套完整的用户成长体系。最初,QQ的用户成长体系较为简单,主要根据用户的登录天数和每日登录时长计算等级,并以星星、月亮、太阳等作为不同等级的图标,这成为QQ早期运营过程中保证用户高活跃度的有效手段。随着QQ的广泛普及和创新发展,当前其用户成长体系融入了更多商业化元素,能够为用户提供更多的物质和精神激励,从而不断优化用户对产品的体验。

大多数互联网产品都设置了用户成长体系,且呈现形态大多是积分系统。大量的一线运营实践表明,积分也许价值不高,但在用户激励中却是不可或缺的。此外,用户数值体系的搭建不应该是孤立进行的,需要产品和运营共同配合才能真正发挥出用户激励方面的价值。

知乎是将用户激励体系融入产品设计的典型代表,其设置的赞同、感谢机制本身就是一种有效的用户激励体系。知乎主要通过在个人页面中详细呈现用户获得的赞同和感谢等内容,满足用户的荣誉感等精神情感层面的诉求，从而激励他们持续进行优质内容的创作与输出。

除了用户等级体系，通过产品设计实现用户激励的还有其他形式，如互联网金融产品普遍采用的邀请奖励机制等。

运营行为

除了产品设计，通过运营行为实现用户激励也是比较常用的方式。运营行为的灵活性强，多采用物质激励的方式对用户进行激励，具有阶段性、周期短的特征，而且不同产品完全可以基于自身的业务性质、产品特征、用户群体特点等开展适宜的运营激励活动。

比如，电商平台经常利用各种专题或活动进行促销，通过极具吸引力的物质激励方式提高消费转化率。用户进入电商网站，总能看到各种促销信息，相关运营人员也会通过不断增强促销力度、构建话题点等方式有效激发用户的购买欲，如京东"618"、天猫"双十一"等都是通过运营实现用户激励的典型表现。再比如，社区类产品多通过"抢楼"、随手拍、发帖等有实物奖品的线上活动激励用户积极参与发帖或论坛讨论，以提升用户活跃度。其实，在互联网产品运营中，大部分运营行为都具有激励用户的功能，主要通过满足用户某方面的诉求对用户进行有效激励。

总的来说，用户激励的方式及实现途径并不是完全独立的，而是彼此有关联的，只是在不同的产品或运营阶段有不同的侧重点。对运营人员来说，除了配合产品设计融入用户激励体系外，在具体运营行为中也要根据不同的激励方式不断创新运营思维，从而搭建完善的用户激励体系。

05 内容运营

5.1 建立内容运营认知框架

5.1.1 内容运营的分类与优势

信息技术的不断进步和市场竞争的日益激烈，使得内容运营的价值越发凸显。企业通过对产品相关内容的分发和传播，可以向目标用户传递产品观念和企业价值观，从而引导他们做出企业期望的行为。内容运营就是创造、编辑产品相关内容，选取合适的传播渠道，建立产品与用户的联结，最终提升用户的活跃度和忠诚度。

从渠道层面来看，内容运营可分为新媒体内容运营、社区内容运营、平台内容运营等；从业务层面来看，内容运营可分为推广内容运营、用户内容运营、产品内容运营等。内容运营中的"内容"有两层含义，如图5-1所示：

内容呈现的形式
- 品牌的调性
- 产品的特性
- 用户的偏好

内容运营

内容传播的渠道
- 产品的特性
- 用户的偏好
- 内容呈现的形式

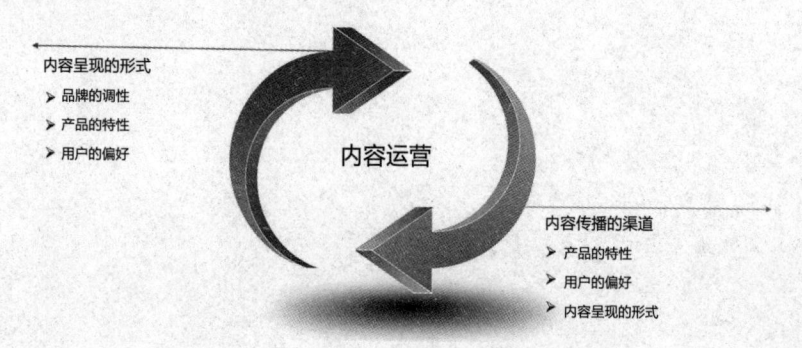

图 5-1 内容运营中"内容"的两层含义

内容呈现的形式：内容的呈现必须通过一定的形式，如文字、图片、音频、视频等。运营人员需要依据品牌的调性、产品的特性、用户的偏好等选择合适的呈现形式。

内容传播的渠道：用户获取信息的渠道均可以成为内容传播的渠道，不过，运营人员仍然需要依据产品的特性、用户的偏好、内容呈现的形式等选取内容传播的渠道。目前微博、B站、小红书等平台均是具有代表性的内容传播渠道。

内容运营的分类与能力要求

根据岗位以及工作侧重点的不同，内容运营可以分为以下三类。

（1）文案型内容运营。文案型内容运营通过创意文案等文字形式与目标客户进行沟通交流，激发用户的购买欲，提高用户的活跃度和转化率。具体来说，文案型内容运营工作包括推广活动的文案撰写、短视频脚本的创作、专题活动文案策划等。由于是通过文案进行内容运营的，该类运营人员不仅需要具备一定的热点敏感度、资源搜集能力、数据处理能力，还应该具备较强的创意策划能力和文字运用能力。

(2)产品型内容运营。产品型内容运营通过内容生产、内容分发和内容消费环节实现内容的产品化。与文案型内容运营人员有所不同，产品型内容运营人员除需要具备资源搜集、数据处理等能力之外，还应该具备较强的产品意识。

(3)资源型内容运营。资源型内容运营通过整合资源进行运营。这里的资源主要指的是具有较强影响力的KOL等。资源型内容运营人员需要具备较强的资源搜集能力、数据处理能力、沟通能力。

内容运营的主要优势

(1)内容运营有助于提升产品知名度。

一款产品被推出，不代表它能立即被用户理解、接受，而内容运营能够将产品的价值准确地传达给用户。企业如果在产品运营的过程中没有做好内容运营工作，就很难获得较高的转化率。因此，运营渠道的选择、文案的撰写、推送的精确度等均能够在一定程度上影响用户对产品的认知。

(2)内容运营有助于提升营销质量。

内容运营的直接目的是带动产品的销量，而要达到这一目的，需要一系列的工作作为铺垫和积累。高质量的内容运营不只是一次策划或一篇推广文案，而是需要前期大量的调查和分析等工作。

(3)内容运营有助于提升用户参与感。

企业的内容运营不仅能够增强用户对产品的好感度，同时有助于提升用户的参与感。因此，内容运营应该基于对目标用户充分而全面的分析，从用户的喜好和需求出发设计具有创意性的运营活动，吸引用户主动参与。

5.1.2 内容运营的价值落地

要使内容运营的价值落地,不同的企业会基于产品的特征、用户的偏好等采取不同的方式。但总的来说,内容运营的价值落地大致可以划分为两类:其一,发布内容,即产品运营方直接发布内容,并根据需要决定是否就所发布的内容与用户互动;其二,激活内容,即用户在产品运营方打造的场景下发布内容。

发布内容

发布内容是产品内容运营常用的方式。作为信息传播载体,内容会通过一定的渠道与规则传播给目标用户群体。内容转化率与内容质量、曝光量等因素密切相关。内容发布的形式有两种:一种是单向式的内容发布,另一种是对话式的内容发布。

(1)单向式的内容发布。

单向式的内容发布是传统的新闻媒体平台等常用的内容发布方式。这种方式适用于高标准化的内容,同时这种方式也对内容运营人员编辑、策划内容的能力有较高的要求。内容运营人员必须把控内容的质量,科学规划内容推送频率,同时精准把握选题方向、标题及时效性等因素。

单向式的内容发布的优点在于推送的内容标准统一,因此可操作性强,内容质量高。但单向式的内容发布也具有明显的缺点,主要表现为用户无法反馈自己的意见,运营人员与用户之间缺乏互动,因此内容传播效果可能不够理想。对品牌方来说,一旦缺少与用户的互动,就很难提高用户黏性与忠诚度。

（2）对话式的内容发布。

用户与产品对话沟通能赋予内容人性化的特点，从而品牌方能够与用户建立更加密切的联系。通过对话沟通，内容更容易被用户认可、信任，从而在与用户互动的过程中产生较高的价值，品牌的宣传推广会变得越来越个性化，宣传推广效果也会越来越好。

激活内容

内容运营要实现价值落地，并非只有通过产品运营方发布内容才能实现。用户作为内容运营中的重要参与者，同样可以生产内容，而产品运营方对用户生产的内容进行激活后，便能引导价值转化。

（1）用户的场景化运营。

产品运营方要激发用户生产和分享内容的欲望，就需要打造一个合适的场景。比如，小红书打造的场景能够给用户带来较强的沉浸感，激发用户的自主创作欲望。需要注意的是，如果产品运营方不加任何限制而由用户自由创作内容，就会产生大量低质量的内容，因此，产品运营方除了打造场景外，还需要制定完善的内容创作规则，引导产品的良性发展。

（2）用户的个性化运营。

虽然产品的目标受众具有一定的共性，但用户整体又可以从不同的维度来细分用户群体，对用户的个性化运营就是针对细分用户的特征进行的内容运营。比如，由于用户的学历、资历等方面的不同，平台中会有部分标杆用户，这部分用户不仅能够生产大量高质量的内容，同时可以引导其他用户生产具有价值的内容，从而形成良性循环。

除以上提到的激活内容的方式外，产品运营的过程也会伴随内容的生产和激活。比如，在拉新、留存、转化等阶段，产品运营方也会激发用户产生有价值的内容。

5.1.3 内容运营的核心工作

内容运营对实现用户的增长和产品价值的提升均具有不容忽视的作用，而要做好内容运营并不简单。对缺乏经验的运营人员而言，其在具体实践中容易眉毛胡子一把抓、难以厘清其中的重点。因此，我们就需要了解哪些才是内容运营的核心工作。

做好内容运营规划

只有事先做好内容运营规划，才能为内容运营价值的发挥奠定基础。当然，并不是所有的内容运营都必须具备设计科学、细节丰富的运营规划，但对某些内容运营项目来说，内容运营规划能帮助内容运营人员更好地理解内容运营目标。简单来看，内容运营规划应包含的内容有：明确目标受众群体及内容定位；合理规划内容布局与方向；根据内容价值产出目标衡量所需资源。

在内容运营的过程中，内容运营人员会收到各种各样的建议，比如做H5，与大V合作做软文推广等。为了避免各种声音的干扰，使得内容运营按照既定方向有序开展，内容运营人员必须做好内容运营规划，在保证内容运营按既定方向开展的前提下适当地听取建议，以提升内容运营效果。

内容运营的考核标准

即便内容运营的价值不能完全被量化,但内容运营也应该具有一定的考核标准,并达到显性标准与隐性标准的平衡。

(1)显性标准:能够用数据衡量。

比如对一个微信公众号来说,评论量、转发量、打开率就是显性标准,通过这些数据可对微信公众号发布的内容质量进行有效判断。同时,在这些标准的作用下,内容运营人员可聚焦每一项标准,从而有针对性地增强内容效果。

(2)隐性标准:内容价值最大化。

内容质量的好坏、内容是否有创意、内容是否有效传达了品牌的调性等都无法通过数据表现出来。在实际的内容运营过程中经常出现这种情况:内容质量不错,但KPI数据不高,以至于内容价值被表面的KPI否定。事实上,内容运营的KPI指标不用过于细化,只要减少评价维度,加强与最终目标之间的关联,每个职能之间便都可以建立灵活的联系。当然隐性考核标准的制定需要产品运营方的把控,以免最终结果受到不良的影响。

内容运营的执行落地

确定了内容运营的规则与目标之后,就要落实、执行内容运营。内容运营的执行可以遵循三步走的策略:第一步,选题,确定内容原型;第二步,表现,确定内容细节,包括内容标题、排版、设计等;第三步,推送,明确内容推送规则。

在内容运营的执行过程中,内容运营人员要充分考虑内容是否有价值、内容如何排版与展现、内容如何预埋等问题，因为这些问题均在不同程度上影响着内容运营的最终结果。内容执行过程中的细节虽小，却可能对用户体验产生很大的影响。用一句话来说，就是细节展现实力。

此外，渠道不同，内容表现方式也不同，因此内容运营人员要对内容在各个渠道中的表现进行反复测试。内容推送只是一个常规动作，但内容运营人员可自行选择内容推送时间与推送方式。其中，内容推送频率与推送方式要适当，如果过于直接可能会使用户产生不好的印象，如果过于隐晦又很容易被用户忽略，这一点在服务号与订阅号的内容推送中表现得非常明显。

但内容推送是产品与用户建立直接联系的一种方式，能将信息较为精准地传达给用户，且不会让用户产生被骚扰的感觉，因此这仍是一种快速提升运营效果的方式。那么，如果将内容推送作为一种能提升用户体验的运营方式，会怎样呢？对此，某些App会在每周某个时间点推送与这个时间有关的内容，用户在接收到内容之后可以将自己的感受直接反馈出来，可以选择继续关注，也可以选择取消关注，甚至还可以定制接收内容的时间。

5.1.4　内容型产品的运营策略

内容型产品指的就是以内容为卖点的产品，用户使用这种产品的主要目的就是消费内容。内容型产品连接的是人与信息，满足了用户对信息的需求。事实上，从可替代性方面来看，内容型产品仅次于工具型产品。用户在选择内容时灵活性较强，通常根据自己的需要选择平台，当各个平台均能满足用户的内容要求时，用户的选择也会有一定的偏好。

由此可见，内容型产品要想提升用户忠诚度只需充分满足用户对内容的需求。那么，内容型产品究竟该如何运营呢？具体来看，内容型产品的运营包含以下三个维度的内容。

提升内容资源的质量

内容型产品的运营最关键的是打造优质内容，而优质的内容资源需要满足三个关键要素，分别是海量、独家、优质，如图5-2所示：

优质内容资源
- 海量：满足用户多样化的需求
- 优质：满足用户更高的需求
- 独家：创造核心价值

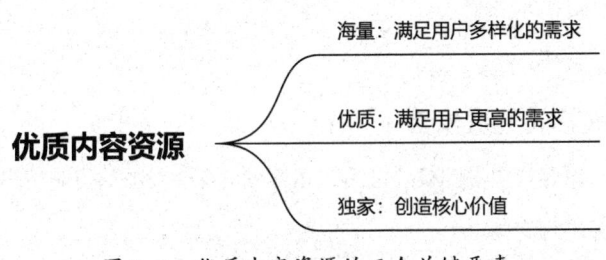

图5-2　优质内容资源的三个关键要素

（1）海量：满足用户多样化的需求。

内容型产品首先要有内容资源，而且内容资源越多越好。对内容型产品的运营来说，"大而全"是一项基本要求，因此运营人员要为用户提供足够多的内容，让其充分享受选择权，使其多样化的需求得到充分满足。

（2）优质：满足用户更高的需求。

随着同质化竞争愈演愈烈，用户不再满足于对内容资源数量的要求，而对内容资源的质量也有更高的要求。为满足用户更高的需求，内容运营人员必须对内容进行优化，打造优质的内容。内容运营人员可以自行生产优质内容，也可以与第三方合作由他们生产优质内容，还可以激发用户自主生产优质内容。

那么，到底什么才是优质内容呢？所处行业或领域不同，优质内容的标准也不同，要想准确地把握这个标准，内容运营人员就要对行业进行深入理解，充分把握用户喜好。

（3）独家：创造核心价值。

以视频播放平台为例，爱奇艺、腾讯视频、优酷等视频平台均已经打造了具有特色的独家IP资源库，通过买断版权获取独家内容，使得对该内容有需求的用户直接升级为付费会员，从而极大提升了产品的价值。

优化内容消费体验

在将内容资源做到极致之后，运营方就需要考虑如何对用户的内容消费体验进行优化。

> 许多小米手机用户习惯使用"多看阅读"看电子书，其中一个重要的原因在于"多看阅读"不仅资源丰富，而且拥有小米MIUI系统优势，能够给小米手机用户不错的阅读体验，所以小米的手机用户更容易成为"多看阅读"的忠实用户。

在信息大爆炸时代，很多内容型产品都大同小异，在这种情况下，谁能带给用户更佳的消费体验，谁就能获取更多用户。为此，内容型产品必须优化内容消费体验。内容消费体验的优化可从两个角度着手：一是产品角度的体验优化，以电子书为例，其内容消费体验优化可从电子书购买流程、笔记标注、上下翻页、笔记整理导出等方面着手；二是运营角度的体验优化，也就是从内容本身着手进行优化。

在这方面，"专题运营"是一个非常有效的方法。通过"专题运营"对同类资源进行筛选、整理，以合集或打包的形式提供给用户，能够有效减少用户搜寻资源的时间，比如，网易云音乐的"歌单"就是用"专题运营"的方式来做体验优化的。

打造内容品牌优势

优质内容输出有两种形态：一种是新媒体形态；另一种是产品形态。

新媒体形态，指的是运营方在新媒体平台开设官方账号，通过社交媒体将最热门的内容扩散出去，然后将内容阅读者引流到产品上。产品形态，指的是运营方基于已有的优质内容打造独立的新产品或产品模块。

在产品形态方面，以下都是比较典型的代表。百度贴吧的"看帖"与豆瓣小组的"精选"是通过独立模块来扩散优质内容的；简书的"简书周刊"则是将内容整理成文章合集，以电子书的形式在各电子书平台发布。对内容型产品的运营来说，这些都是非常有效的内容输出方式。

对内容型产品来说，打造优质的内容是关键，而在打造了优质的内容之后，内容运营人员还要以内容价值为独特的竞争力构建行业壁垒，以优质的内容为基础，通过对内容消费体验进行优化形成品牌竞争力，从而使产品在市场竞争中占据有利地位。

5.2 内容"种草"营销实战指南

5.2.1 内容"种草":让品牌直抵用户

社交网络市场的迅猛发展,在为用户的社交提供便利的同时,也使得用户的观念和行为受到各个渠道的信息的潜移默化的影响。以用户的消费行为为例,其不可避免地会受到社交媒体的影响,如微博上明星、"大V"分享的产品体验,B站"UP主"创作的开箱评测视频等。

在这个过程中,"种草"作为网络流行语进入人们的视野。"种草"一词最早流行于各类美妆社区和论坛,伴随着移动互联网的快速发展,其被迅速扩散至各类社交平台,泛指为他人推荐物品以激发购买欲的行为。与"种草"对应的网络流行语为"拔草",指消除购买欲望。对产品运营方而言,要发挥内容运营的价值,就必须了解内容"种草"营销。

连接用户与品牌

信息技术的发展为人们的生活带来了翻天覆地的变化。社交、购物、娱乐等活动逐渐"线上化",社交媒体成为人们沟通互动与接收信息的主要渠道之一。在这一背景下,社交媒体广告和KOL的线上品牌推广已经成为消费者获取相关品牌信息的主要途径,与此同时,传统媒体广告的影响力大大减弱。

从品牌角度来说,内容"种草"是获取忠实客户和扩大市场份额的重要方法。"种草"不仅可以促进品牌信息高效传递,还能够深化用户对品牌的认知(尤其是正确、积极的认知),使用户对品牌和产品产生信赖感,从而购买产品,并进一步向忠实用户转化。

打通社交与电商

社交媒体用户同样包含了产品的目标受众。被"种草"后,用户会自然而然地做出很多积极行为,包括收藏"种草"内容、提问咨询,或在购物平台搜索相关产品并加入购物车,甚至直接购买等。基于社交媒体,被"种草"的用户可以快捷地把品牌信息、产品购买链接分享给其他用户,而新用户也可能成为新的"种草人"。

"种草"的影响因素

用户被"种草"的整个过程受到多方面因素的影响。其中,受用户的决策周期和决策方式影响最大。根据相关品牌方的统计,用户被"种草"后的较短的时间内(如一周内)是最可能产生购买行为的"黄金时期",随着时间的延长,其记忆程度和购买欲望就会下降。当用户在接受"种草"信息后,可能进行多方求证和对比,综合产品价格、质量、品牌实力和其他平台的评价等因素来决定是否购买产品。

目前,"种草"已经成为品牌推广的最主要方式之一。依托于多元化的"种草"主体,品牌方可以以较低的成本获得比传统广告媒介更好的推广效果。随着社交媒体中商品推广属性的强化,各类内容创作者从事"种草"活动,"种草"的形式和内容也会更加多样化。同时,内容"种草"的发展也为网红产品、"网生品牌"[①]的迅速崛起创造了条件。许多初创品牌依托于强大的"种草"资源,在短时间内就受到了广大消费者的青睐。

在社交媒体赋能的营销环境下,不论是国际大牌、国民品牌还是"网生品牌",都不得不对"种草"这一营销方式予以充分重视。如何从自身产品定位和营销目标出发选择"种草"平台、选择创作者或"代言人"、设置活动及玩法,已经成为品牌内容运营的重要课题。

5.2.2 三大"种草"平台的内容生态

社交媒体的不断发展和用户规模的逐步扩大,使得品牌的营销有了更多创新性的选择。按照内容"种草"的逻辑,不同社交平台就像不同的"草场",每个"草场"都由各种要素构成,有其独特的场内文化氛围。"种草"的人只有遵循场内规则,才能使"草"广泛地生长开来。

下面我们以当前主流的三大"种草"平台——微博、B站、小红书为例,从"种草"内容的差异、使用场景等方面进行初步探讨。

微博、B站、小红书作为掌握用户流量资源的社交媒体,有着良好的"种草"营销环境,基于其平台定位、内容氛围、用户群体等方面的差异,产生了不同"种草"内容偏向的社群生态。三大平台的"种草"

[①]"网生品牌":依靠平台红利起家,以社交"种草"等为主要打法,以电商平台为核心渠道的品牌。

风格是在各自内容生态特点的基础上形成的。例如，微博的"种草"类别主要包含大众化的美妆、日用品、美食等；B站上的专业KOL创作者为汽车、数码、电子等产品的"种草"提供了条件；小红书则为女性用户提供母婴、美妆个护等品类的"种草"信息。

三大平台内容生态对比

根据微博和B站发布的2023年第一季度财报，截至一季度末，微博月均活跃用户数达5.93亿，B站月均活跃用户数达3.15亿。而根据小红书发布的《2023年度生活趋势报告》，截至2022年底，小红书的月均活跃用户数达到了2亿。总体来看，微博作为一款以互动型实时信息分享为主的社交媒体平台，其用户数量要远远多于B站和小红书，垂直领域覆盖更为全面，文本、图片、音视频等多种形式的内容生态较为成熟，因此在内容"种草"方面可以为品牌方提供更大的选择空间。

不过，在垂直领域，三大平台呈现出不同的内容生态特点：微博的垂直账号在时尚、美妆、亲子、旅行、美食、娱乐等领域均有覆盖，内容生态成熟且发展势头良好，基本能够满足不同品牌的营销需求；B站的内容定位为文化社区和视频网站，吸引了许多较为专业的创作者，形成了以科普类、技术类、数码类垂直内容创作见长的内容生态；小红书的主要受众为年轻女性，主攻母婴、美妆、时尚、旅行、美食、健康等内容，是相关品牌进行"种草"营销的重要选择。垂直平台为内容"种草"提供了生态土壤，互动方式则是促使内容"种草"实现的重要手段。三大平台的互动方式也各有特点：微博用户可以在评论区发表自己的观点，就某一话题进行讨论；B站用户可以在视频里发送"弹幕"，评论区互动处于次要地位；小红书用户则是通过收藏、点赞来表达对相关内容的兴趣和喜爱。平台打造的"种草"氛围,不仅可以让用户获取有用的信息,而且能达到"二次种草"甚至"三次种草"的效果。

三大平台用户的内容偏好对比

不同平台基于其产品定位、内容生态的差异,所吸引的用户群体不同,用户对"种草"内容的偏好也各有不同。在用户分布上,微博所涵盖的垂直领域类别较为全面,用户群体的性别比例比较均衡,品牌可以投其所好地进行"种草"内容推荐;B站基于其在科技、游戏、数码类内容方面的优势,吸引了大量男性用户;小红书的主要目标受众为女性用户,因此其"种草"内容多从女性视角出发。

如果从消费行为角度来看,大部分用户会注重他人的评价,因此更偏向于关键意见消费者(Key Opinion Consumer,KOC)的"种草"推荐。部分用户则倾向于对产品进行全面了解,根据不同品牌同款产品的评测结果和性能优势等信息进行选择。

三大平台内容创作者对比

在自媒体内容创作逐渐成为主流的大背景下,新媒体营销环境和"种草"内容生态也在不断完善,KOC、KOL、品牌"蓝V"和明星带货等"种草"营销形式也被越来越多的品牌所认可。

KOC,即关键意见消费者,其将产品置于日常生活场景中,从消费者角度出发分享自己的使用感受,因此被"种草"用户对产品的好感一部分来自对推广者本身的信任。

KOL,即关键意见领袖,其往往对相关领域有足够了解甚至处于权威地位,能够为用户提供更详细、准确、全面的产品信息,因此受到消费者信任，其"种草"内容会对用户的购买行为产生较大影响。

品牌"蓝V"，对自家产品特点、故事等信息有充分的了解，在领域内具有一定的专业性和话语权。对发展时间较长的品牌来说，该模式可以起到很好的营销推广效果，随着用户对品牌关注度的增加，品牌账号的"种草"能力也将进一步增强。

明星，本身就具有比较高的关注度，有助于大众对其"种草"的品牌留下深刻印象。另外，明星在"种草"奢侈品、高端美妆、高端时尚品、汽车等方面有良好的资源基础，加上在相关领域的专业度加持，其"种草"能力将会得到充分发挥，有助于"引爆"大众对品牌的关注度，实现破圈"种草"。

总之，不同的"种草人"各有其特点和优势。KOC大多来自普通用户群体，能够站在消费者的角度发挥影响力；KOL依托专业实力进行理性、客观的评价，能够帮助用户培养理性消费的习惯；品牌"蓝V"和明星依托其强大的影响力进行内容推广，有助于为产品带来更高的附加价值。

5.2.3 微博：KOL营销实战攻略

微博是一个集信息搜集、话题讨论、生活分享、娱乐消费为一体的多功能社交平台，其成熟的热点话题推荐机制、评论机制，以及多维度、多领域的内容生态，为"种草"营销提供了生态基础，而微博的网红、博主、主播、明星，甚至是企业CEO等多元化KOL为品牌方提供了多种选择，庞大的用户基数也体现了强大的购买潜力。

在上述多种因素的综合作用下，微博平台上的"种草"话题得以快速发酵并跨圈层、跨领域、跨平台广泛传播，这为相关品牌推广新品、打造爆品、攻占用户心智奠定了基础。可以说，微博是深度"种草"和品牌持续借力营销的"沃土"。

企业如何与KOL合作

KOL通常指那些在领域内具有相当专业度，并在互联网媒体中具有一定影响力的群体。该群体中的个体凭借优秀的内容创作能力，吸引了一批具有一定忠实度的粉丝或同好，由于其专业度得到粉丝的认可，因此这一个体在所在圈层内具有一定的公信力和话语权。企业可以通过与KOL合作，利用其粉丝影响力获得更多的品牌关注度，KOL则可以辅助企业实现产品"种草"。

企业可以采取多种形式与KOL合作，以满足不同品牌、产品的推广需求。一般来说，KOL直发（即KOL直接发布推广内容，与之对应的另一种方式为转发）是一种容易取得较好效果的合作形式。根据不同KOL的特点，企业与KOL的合作策略可以从以下角度切入。

（1）利用KOL的专业性。

当受众为细分领域用户时，企业可以选择与行业或领域内专业性较强的KOL合作，使其基于专业经验对产品进行深入讲解和剖析，并针对产品或品牌优势做出客观、公允的评价，从而突出品牌特点，以达到推广目的。推广内容形式可以是开箱测评视频、文案、组图等。

（2）利用KOL的公信力。

当受众较为广泛时，企业可以选择与具有较强公信力的KOL进行合作。这部分KOL可能不具备某一领域的专业素养，但却有着强大的粉丝影响力和关注度，因此能够为企业公信力背书，以使品牌和产品获得更高的认可度和接受度。

（3）利用KOL的创造力。

在多种风格的KOL中，有一类KOL特别富有创造力，他们通过有趣、新奇的原创内容吸引了大批关注者，并与粉丝联系紧密、互动较多。企业可以选择与这类KOL合作，以具有创意性、趣味性的推广方案吸引粉丝的注意力，从而实现营销推广目的。

（4）转发抽奖。

转发抽奖可以说是微博等社交媒体上最具参与度的推广方式，而且相比其他推广方式，转发抽奖操作简单，宣传效果较好。企业可以与那些有广大粉丝基数的KOL合作，通过奖品等福利吸引用户关注、点赞、评论、转发，从而达到较好的宣传效果。

怎样选择合适的KOL

（1）设定KOL合作的营销目标。

企业需要根据自身产品特性明确与KOL合作的营销目标，在此基础上确定营销策略，选择合适的KOL。活跃于微博平台的KOL大致可以分为泛领域和专业领域两种。如果企业的营销目标是扩大品牌曝光度，可以选择泛领域的KOL，其粉丝基数有利于提高品牌在各个圈层的关注度；如果企业要实现对某款产品的精准营销，可以选择在行业内具有一定公信力和专业度的垂直领域的KOL，并有针对性地制订合作方案。

（2）选择合适的KOL。

面对众多KOL账号，企业要选择符合自身营销推广需求的、品效更高的KOL。可以根据以下标准进行初步的筛选与评估：

KOL的受众领域。KOL主要通过发布内容来吸引细分领域的同好。

企业与垂直领域的KOL合作投放推广内容时，需要考虑所投放的内容是否与目标受众相匹配。

KOL的粉丝量级。粉丝量级是影响KOL报价的主要因素。企业可以根据自身的营销预算等选择对应粉丝量级的KOL，同时还要对KOL的粉丝购买能力进行评估，将其作为选择KOL的重要依据之一。

KOL的有效触达。随着KOL营销推广模式的发展，对KOL营销推广效果的评估也更为标准化、科学化。如果互动效率、参与程度较高，推广效果通常也较好，因此企业在选择KOL时需要关注其阅读量、点赞量、评论量和转发量等。

（3）注意与KOL合作的事项。

企业与KOL合作时需要注意以下事项：

第一，选择合适的KOL并进行适度营销。由于KOL营销能够精确定位受众，因此品牌应该尽量寻找相关专业领域内的KOL，这样更容易获得用户的正向反馈，而应避免与专业领域外的KOL合作，或避免短时间内将推广内容投放给有大量共同粉丝的KOL，否则容易引起用户反感、降低用户对品牌的接受度。

第二，对活动细节进行详细规划，并与KOL协调合适的活动周期，确保能够接洽到最合适的KOL。

第三，可以通过热点话题借势营销，增强KOL的推广效果。

第四，可以配合KOL的推广博文、投放粉丝头条等，促进博文阅读量增加，从而获得更好的推广效果。

5.2.4　B站：引爆圈层裂变传播

作为中国年轻人高度聚集的文化社区和视频网站，B站是涵盖了7000多个兴趣圈层的多元文化社区。由于内容生态良好，一批富有专业精神和求知精神的KOL内容"种草"创作者成长起来，各类专业"大神"将"种草"内容融入视频中，使产品获得用户的深度认可。此外，"弹幕"和评论区互动有助于拓展"种草"内容，进一步满足用户相关需求。

B站"种草"内容的专业性、创意性是攻占用户心智的关键。能够对产品进行专业的全方位解读，并做出理智、客观评价的"种草人"，往往更能获得高黏性的忠诚"粉丝"，从而推动"种草"顺利实现。

B站作为在年轻人群体中有着广泛影响力的平台，为企业提供了丰富的营销资源。品牌方可以通过硬广资源位投放或与B站的创作者（即所谓"UP主"）合作进行推广，也可以开设品牌自有账号或频道，吸引B站用户主动关注。硬广资源位投放的营销方式已经较为成熟，品牌方只需要为产品找到合适的硬广曝光资源位即可。品牌方也可以利用B站官方为其提供的营销通道或平台，参与"B站新品日""B站召集令"等主题活动，以达到推广目的。

品牌方与"UP主"合作进行营销推广是B站最普遍的营销推广模式，该推广模式的主要步骤如图5-3所示。

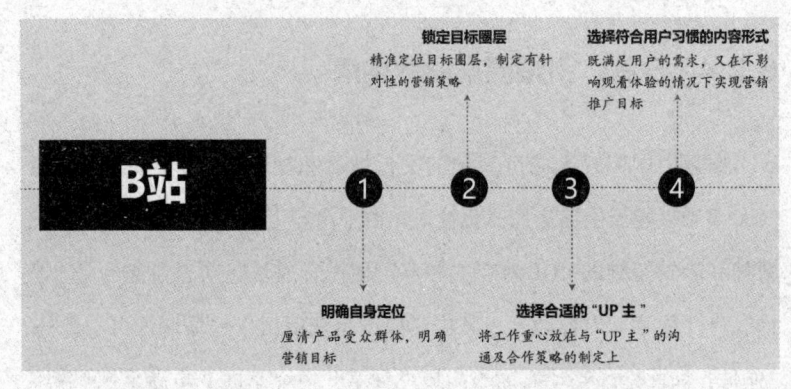

```
┌─────────────┐
│             │        锁定目标圈层              选择符合用户习惯的内容形式
│             │      精准定位目标圈层,制定有针        既满足用户的需求,又在不
│             │        对性的营销策略              响观看体验的情况下实现营销
│             │                                推广目标
│    B站      │── ① ── ② ── ③ ── ④
│             │
│             │      明确自身定位              选择合适的"UP主"
│             │    厘清产品受众群体,明确        将工作重心放在与"UP主"的沟
│             │        营销目标                通及合作策略的制定上
└─────────────┘
```

图 5-3　品牌方与"UP主"合作推广的主要步骤

Step 1：明确自身定位

企业在B站进行推广营销之前，需要对品牌或产品有明确的定位，即厘清产品受众群体、明确营销目标。当然，在进入任何内容推广平台之前，都需要考虑类似的问题。

B站曾获得Quest Mobile研究院评选的"Z世代偏爱App"和"Z世代偏爱泛娱乐App"两项榜单第一名，这足以说明B站深受青年用户群体喜欢，而且B站多样化的互动机制使得用户的互动性更强，用户对推广内容的响应速度也更快。因此，品牌方可以迎合大部分年轻用户的心理特征，打造合适的"人设"，使品牌形象更加生动、丰满、鲜明，使品牌具有人格化特征，从而有利于提高用户对品牌的关注度和认可度。

Step 2：锁定目标圈层

随着B站用户量与创作者数量不断增长，平台积累、分化的用户圈层数量也越来越多。据官方公布的数据，其核心圈层约7000个，涉及

标签200万个。不同圈层风格可能存在相似性，也可能截然不同。圈层内的用户基于相似的兴趣、偏好或文化相互链接。企业应该对品牌的相关圈层有一定的了解，并在此基础上精准定位目标圈层，制定有针对性的营销策略。

不同的视频分区、投稿标签、用户的订阅习惯等都会影响内容推送和流量分配，因此企业可以从用户关注度较高的圈层入手，结合营销目标，缩小圈层的选择范围。根据现有经验来看，"鬼畜"（一种将高度同步、快速重复的画面或BGM素材剪辑在一起进行创作的视频类型，其因搞笑、无厘头、内容开放的风格深受许多年轻用户喜爱）圈层受到普遍关注，更有利于品牌实现"破圈"（即影响力从本圈层拓展到其他圈层）；游戏、音乐、舞蹈、影视等分区通常有着稳定、忠实的用户；生活区（例如美食测评、旧物改造等）、知识区的用户增长较快。企业需要根据品牌特质确定合适的圈层。

Step 3：选择合适的"UP主"

通过权威的B站广告投放大数据分析平台"火烧云数据"，品牌方、广告公司或MCN机构都可以获取有关话题热度、某圈层用户情况等基础数据信息，如图5-4所示。品牌方可以参考这些数据选择"UP主"，从而基本解决品牌营销决策所需信息的有效性问题。此外，品牌方需要将工作重心放在与"UP主"的沟通及合作策略的制定上，以使推广效果最优化。

B站TOP20带货UP主

2月数据统计

排名	UP主	粉丝数	带货量	新增播放量
1	小叮当嘀百宝箱	2.4w	21	11702977
2	真探来了	145.4w	14	7106661
3	阿强该减肥撸	2.9w	4	6967408
4	疆域阿力木	214.7w	2	4964015
5	澡酱的日常	17.9w	137	4822114
6	-金尾酱	7.7w	9	4499078
7	马督工	154.7w	8	4463881
8	小椰子专栏	43.6w	2	4406989
9	花椒糯米糍	30.9w	8	3409923
10	雨琪在芬兰	145.2w	3	3193291
11	小敏不鸽	3.5w	7	3109988
12	无名测评	56.5w	8	2779299
13	野路子钢镚儿	29.7w	9	1825918
14	甜妹领军人物	33.0w	3	1690200
15	不鹦小紫	6449	8	1622851
16	好学生麦蔻	2.7w	69	1565354
17	德国陶渊明	84.4w	2	1539930
18	红桃ki_	1.3w	7	1380816
19	特务卷卷	63.5w	12	1260722
20	怨种美少女	1.9w	7	1253598

数据来源：火烧云数据（仅代表第三方数据）

图5-4　B站TOP20带货"UP主"（2023年2月数据统计）

品牌方在与"UP主"合作时，可以在一定范围内辅助"UP主"撰写视频脚本、产品描述等文案，以突出品牌或产品的最大优势，但不宜过多干预"UP主"的内容创作，尽量让"UP主"以其固有风格呈现相关内容，从而获得更好的品牌宣传效果。

Step 4：选择符合用户习惯的内容形式

B站作为内容创作平台中的佼佼者，其较高的内容质量是平台持续发展的基础。如何既满足用户的需求，又在不影响观看体验的情况下实现营销推广目标，是B站官方运营、"UP主"和品牌方共同面对的难题，而内容形式可以作为解决该问题的突破口。

饮料等快消品牌通常更注重使用硬广资源位等内容分发渠道，但芬达并未止步于此，而是在B站上通过"人设"打造、IP打造、用户共创和联动等方式，激发圈层"UP主"的内容创作热情，从而通过话题快速传播获取用户的广泛关注。尤其是在与用户互动方面，芬达通过"UP主"内容定制化、扭蛋机互动等B站特有的活动，取得了超过1.9亿曝光量的可观成果。

5.2.5 小红书："爆款笔记"+"种草"公式

作为具有代表性的生活方式平台和消费决策入口，小红书依托"购物笔记"评价推广机制，培养了一批优质的KOC创作者，目前已成为一款较为可靠的产品查阅工具。

从"种草"生态的角度看，小红书通过关联词将相关产品笔记连接起来，用户可以依据关联词细化查找相关产品，如图5-5所示。而KOC通过大量产品的推荐，以及精致的文案、配图，吸引具有相关需求的用户。同时，小红书培养了用户"主动搜索"的习惯。当用户想买一款具备某种功能的产品时，可以在小红书上进行搜索，并根据KOC推荐比较产品信息，最后实现购买。这一模式不同于微博、B站的被动推荐，实际上是用户主动被"种草"的过程。

小红书的内容分发机制的核心逻辑是特征匹配。系统可以根据笔记所涉及的标签、话题、关键词等信息与用户需求特征进行匹配，并将内容分发给特征匹配的用户。如果笔记获得了用户的正向反馈（这意味着笔记内容质量较高），将会被推荐给更多的人。当笔记的浏览量、点赞量和收藏量达到一定数量级时，该笔记被认定为"爆款笔记"，由此在平台内获得更高的排名和曝光率。小红书用户在浏览"爆款笔记"时，极有可能被"种草"，进而产生购买意愿。因此，"爆款笔记"是以营销推广方式实现产品转化的重要推动力。

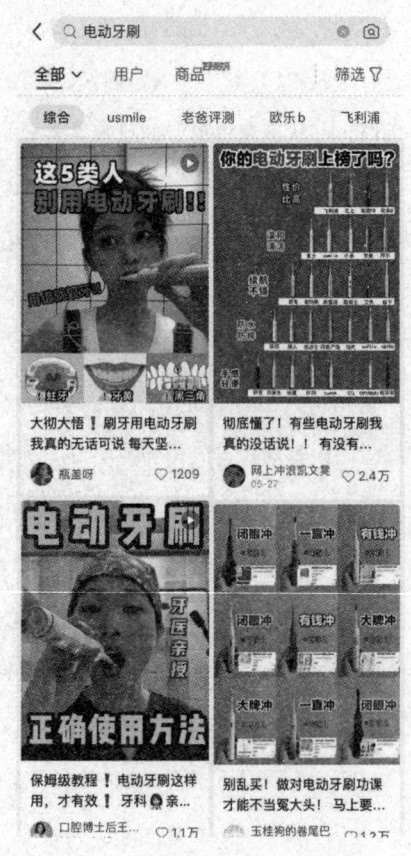

图5-5 小红书关键词搜索示例

"爆款公式"："10-3-1聚焦法"

一篇小红书笔记是否能够成为"爆款笔记"，主要受到内容与社区风格契合程度和内容质量的影响。由此可见，打造"爆款笔记"的方法有规律可循，但首先要了解"爆款笔记"的特点。通过对既有"爆款笔记"的深入研究，我们可以获得一定的经验，例如小红书用户的价值需求、审美偏好、社区风格对用户审美具有一定的养成作用，我们能够据此总结出创作"爆款笔记"的方法。

"10-3-1聚焦法"是创作"爆款笔记"的常用方法。其数字分别代表"10个'爆款'选题""聚焦3个领域"和"选1篇最火的内容"，它不仅可以辅助创作者探索创作方向和"爆款"选题，还有助于品牌方迅速了解和把控商业内容。以下进行具体介绍。

10个"爆款"选题：主要指在各个热门领域里寻找10个"爆款"选题，并就这10个选题创作图文笔记内容。

聚焦3个领域：通过对比分析了解哪个领域的选题的市场数据较好，从所创作的笔记中找出关注度最高的3篇，就这3篇所对应的创作领域的关键词进行深挖细分。

选1篇最火的内容：基于各方面的数据进行分析总结，根据最受欢迎的那篇笔记确定选题方向，并聚焦该领域进行创作。

为了提高笔记成为"爆款"的可能性，创作者或品牌方可以借鉴以下创作技巧：文案不宜过长，一般三百字左右为宜，尽量采用简洁、明确的表述；在封面图或首图的选择上，应该选择美观、清晰、能够突出主题信息的图片，以吸引用户点击浏览；在关键词方面，关键词实际上是文案主旨的体现，考虑到系统往往根据关键词进行匹配和推荐，重要关键词在笔记内容中应该保持一定的出现频率。

"种草"两要素：功能点与转化率

在不同的社交平台上，用户虽然在性别、年龄、经济地位等方面具有一定的差异，但在某些方面也具有共性。比如，喜欢使用社交工具的用户往往具有共同的心理需求，如果企业的内容推广能够契合这些需求，则更容易给用户"种草"。以下三种就是比较具有代表性的心理需求：

第一，娱乐性需求。当人们浏览社交媒体内容时，一般抱有放松心情和娱乐性目的，因此对复杂、拗口、不易理解的信息往往不愿投入过多精力，而那些能够引起愉悦感、容易理解和记忆的信息则更容易受到用户的青睐。

第二，对美好生活的向往。这一心理需求在照片中有更直观的体现。例如在明星拍摄的时尚照片中，其富有美感的妆容、服饰、箱包、汽车等都可能会引起人们对精致生活的想象和向往，从而对产品或品牌产生好感。

第三，对优惠的偏好。商品优惠折扣或赠品福利可以满足用户"占便宜"的心理，从而刺激用户购买下单。

以上三种心理需求，是实现网络信息快速传播需要关注的。品牌方需要在此基础上，将品牌优势或产品卖点融入笔记内容，具体方法如下：

第一，品牌方需要突出自身优势，例如产品与竞品相比在性能、功效、性价比等方面的卖点，所谓"爆款卖点"，实际上就是产品优势与用户需求的交集。

第二，通过简单的口号式的语句描述品牌或产品的优势，使用户容易记住，例如"早C晚A""0脂低糖"等。

第三，针对特定场景、特定人群进行精准"种草"，例如"野营必备的好物""毕业季专属优惠""母亲节定制"等。

第四，释放利益诱导，给予博主专属折扣或附带促销活动页面链接，例如"下单备注暗号，领取专属福利""折扣活动传送门"等。

06 数据运营

6.1 数据运营的实战流程

6.1.1 Step 1：明确数据运营目标

数据运营在互联网企业发展过程中发挥着重要的推动作用，因此，产品运营人员要注重对相关知识的学习。那么，在打造数据运营体系的过程中，企业除了要具备数据思维之外，应按照怎样的流程开展呢？具体来说，企业数据运营的业务流程主要包括以下五个步骤，如图6-1所示：

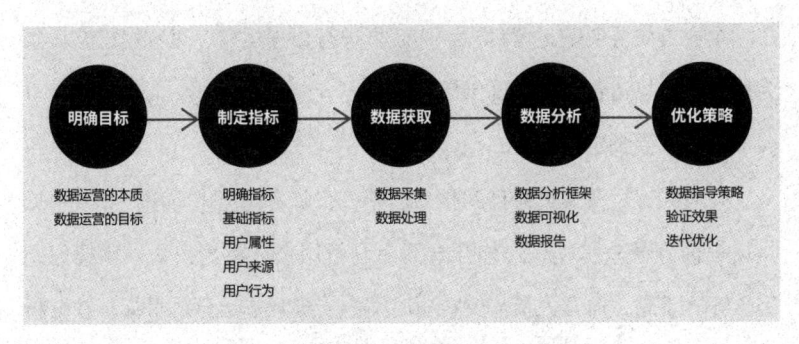

图6-1 企业数据运营的业务流程

只有当企业的数据运营带有一定的目的时，才能体现出其运营的意义。按照目的达成所需的时间，可以将数据运营目标分为短期性目标与长期性目标两种。同样，只有明确数据运营目标，企业才能找到适合自己的数据运营方法。

数据运营的本质

从本质层面来分析，企业的数据运营指的就是用户运营。用户群体的行为表现及相关特征就是企业需要获取的数据。

怎样理解"企业的数据运营指的就是用户运营"呢？企业在进行产品运营过程中，需要吸引用户，采取措施提高用户黏性，调动用户的积极性，促使用户转化，发挥口碑效应，从而进行产品推广。在具体操作过程中，企业要想实现自己的目标，就要对用户行为进行引导。另外，用户在产品使用过程中产生的数据是企业数据信息的主要来源。因此，根据用户行为及其消费特征进行产品优化，是企业进行数据运营的根本。

数据运营的目标

企业首先要明确运营目标，然后再进行数据运营，以数据运营场景为标准，数据运营目标主要包括三种。

（1）达到预定指标。

有时候，运营人员会接到相关任务：在限定时间内将用户相关数据指标提高到某一水平，比如开发五十万新用户，将用户留存率提高到25%等。于是，运营人员需要在短时间内实现数据运营的目标，在分析数据的基础上采取有效措施对用户的行为进行引导。

(2) 掌握产品生态。

为了达到这个目标，企业的数据运营应该实现常态化，并将其视为生产流程中的重要环节。企业要对自身获取的数据资源进行深度分析与处理，据此锁定产品的用户群，对不同类型的用户进行归类，从而提高用户运营的针对性。

通过开展数据运营，企业能够更好地把握产品生态，比如上游用户开发、下游交易情况等。如果产品运营本身需要上下游之间的配合，或者属于平台类产品，就更要从产品生态层面为其后续运营提供有效的支持。

(3) 发现潜在方向。

企业要利用大数据技术对用户需求进行把握，根据用户需求进行产品研发与设计，并制订产品生产计划。另外，企业要利用数据分析技术，挖掘用户的内在需求，寻找潜藏的经济发展规律。企业在实施数据运营的过程中，能够发现用户尚未表现出来的需求，据此增加产品的功能，或者推出满足用户潜在需求的新产品。

6.1.2 Step 2：制定数据运营指标

在明确数据运营目标后，就需要制定数据运营指标。这是因为在企业数据运营的过程中会涉及各种各样的数据指标，如果不事先明确数据指标、厘清指标构成，就可能使得整个数据运营的过程不仅难以体现运营目标，也难以指导后续的运营流程。

明确指标

根据任务的可执行性来划分，数据指标包括宏观指标与可行动指标。

公司管理者下达的指标多为宏观指标。宏观指标的执行性通常比较弱。举例来说，运营人员接到如下指示：到下月之前将项目利润提高到十五万元。这类指标虽然明确但缺乏直接的指导意义。相比之下，可行动指标的执行性更强，能够指导运营人员采取有针对性的策略。比如，要求运营人员利用微博开发二十万新用户，将用户转化率在原有基础上提高两个百分点等。

为了达成指标，企业需要把宏观指标转化为可行动指标。为此，企业需要采用恰当的方法。OKR指标拆解法能够让企业实现转化目的。利用OKR指标拆解法，企业能够对宏观指标进行阶段性划分，使其更具有指导意义，并采取相应措施来实现各个阶段性的指标，进而促成宏观指标的达成。

厘清指标构成

数据指标有很多，在企业运营及发展过程中应用比较普遍的有四种：基础指标、用户属性、用户来源、用户行为。如图6-2所示。在具体运营过程中，企业应该根据业务发展需求及其特征选择合适的指标。

```
                            基础指标
                              ├── 用户获取率
                              ├── 用户活跃度
                              ├── 用户留存率
                              ├── 用户转化率
                              └── 自传播率
                            用户来源
                              ├── 渠道来源
                              ├── 渠道质量
                              └── 版本使用情况
数据指标 ──┤
                            用户属性
                            用户行为
                              ├── 用户路径分析
                              ├── 自定义用户分析
                              └── 漏斗分析
```

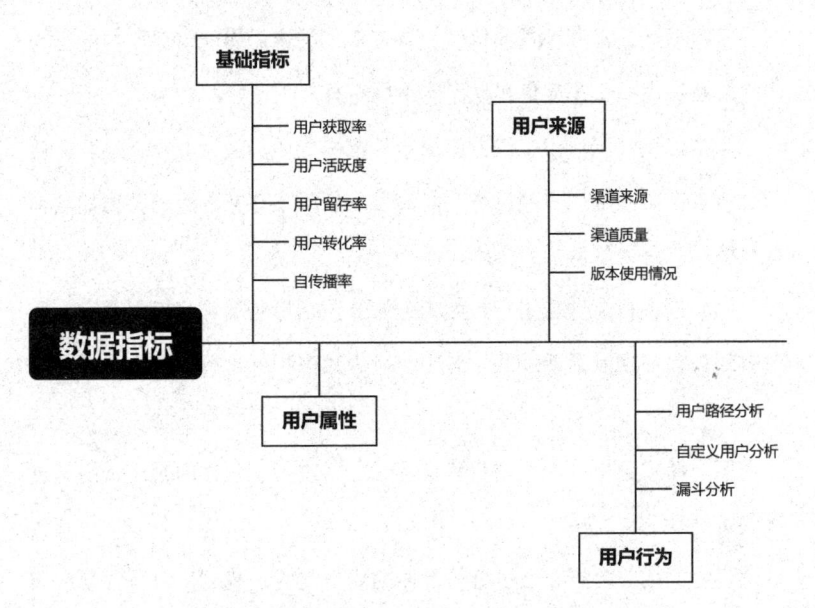

图6-2 企业运营及发展过程中常用的数据指标

（1）基础指标。第2章所述的AARRR用户增长模型是基础指标的原型，其涉及的指标包括：用户获取率，即新开发的用户数量等；用户活跃度，即用户使用产品的时长等；用户留存率，即某段时间内流失的用户数量等；用户转化率，即用户成交数量等；自传播率，即转发信息的用户数量等。

（2）用户属性。以用户的行为表现及用户属性为基准来描绘用户画像，据此把握用户行为特征，将不同的用户进行归类，实施精细化管理及运营。如果是社区类产品，企业就应该注重对KOL的运营；如果是电商类产品，企业则应该着手提高信息推送的针对性。

（3）用户来源。与用户来源相关的数据指标包括以下几项。

渠道来源：明确用户在哪个渠道接触了产品并进行体验，从而成为产品的用户。

渠道质量：涉及渠道的性质、特点等，渠道质量能够对用户的行为产生影响，高质量渠道更容易促使用户注册。

版本使用情况：很多线上应用产品推出之后会进行升级，运营方通过分析各个版本的用户使用率，能够发现新版本存在的问题，比如是否存在漏洞、是否降低了用户体验等。

（4）用户行为。与用户行为相关的数据指标包括用户使用频率、登录时间、参与度及活跃度等。对用户行为数据指标进行分析的方法有如下几种。

用户路径分析：明确用户登录网站之后进行了怎样的操作、浏览过哪些页面等。

自定义用户分析：通过分析具体的用户行为，找到用户行为与产品之间的联系，从而有助于推动产品实现良性发展。

漏斗分析：在产品运营过程中，运营方要找出在哪个环节容易出现用户流失问题，并在准确定位之后提出具有针对性的解决方案。

6.1.3　Step 3：获取用户行为数据

根据数据运营的目标，找出运营方要分析的数据指标，接着就需要按照数据指标获取数据。在产品正式推向市场后，运营方需要对用户的行为数据进行全方位的获取与分析。在这个环节，企业的任务就是收集数据资源，采取有效措施进行资源归类与整合，为后期的数据分析打下基础。

数据采集

企业可通过以下两种方式获取数据：

（1）设置数据埋点[①]，进行数据捕获与收集。那么，如何设置数据埋点？一方面，可以将具体需求反映给研发团队，在产品设计环节标示出运营方后期要分析的数据字段，通过产品的底层设计完成这个任务；另一方面，依托第三方统计平台对用户信息进行获取与分析，而无须在产品研发环节消耗大量成本。当企业无法通过第三方平台进行个性化数据分析时，则只能选择前一种方式。

（2）从用户的使用日志文件中获取数据资源，并提取用户行为特征。用户日志文件能够获取用户的产品操作行为数据，为运营方提供丰富的数据资源，另外，如果用户在操作过程中出现问题，也能利用日志文件撤销错误步骤。

数据处理

企业在运营过程中产生的数据与理想状态会存在很大偏差，经常会出现数据记录不完整的现象，从而对最终的数据分析产生影响。针对这种情况，运营方有必要先对自身获取的数据资源进行有效处理，然后再进行数据分析。

（1）数据清洗。

很多情况下，运营方获取的数据缺乏规范性，如存在数据缺失问题，这时，需要对数据进行处理，也就是数据清洗。为了保持数据的完

[①]数据埋点：指的是通过在特定的流程中收集信息以跟踪应用的使用情况，从而为后续的产品运营和优化提供数据支撑。

整性，可以用平均值（缺失部分相近时间段内的数据平均值）来补全。另外，在进行数据清洗时，要及时发现那些超出正常范围的数值，比如发现用户每周的登录时间超过7天，就要分析问题，找出其中的原因。

（2）数据预处理。

如果运营方最初收集到的数据不符合后期的分析需求，就要先进行数据处理，之后再实施数据分析。如运营方收集的是每隔两个小时统计得到的数据，但后期分析需要的是按天汇总的数据。在这种情况下，运营方要将数据进行整合，转换数据维度，为后续的数据分析做准备。

6.1.4　Step 4：形成数据分析报告

在明确数据运营目标、制定数据运营指标、获取用户行为数据后，就需要形成数据分析报告。

数据分析框架

探索性分析、聚类分析、关联分析等都是运营方可以采用的数据挖掘方式。在注重数据挖掘的同时，还要选择合适的数据分析框架。这里列举如下三种应用较多的分析框架。

（1）用户画像洞察。

采用这种模式的运营方，要进行数据获取与分析，根据数据分析结果来了解用户的行为特征及习惯，据此建立用户模型，进而根据用户的行为特征及习惯对其进行类别划分，在了解用户需求的基础上实施精细化运营与管理。另外，描绘用户画像也能够帮助运营方、产品部门全方位地了解用户，据此完善产品的功能，并通过开展活动提高用户的满意度，从而提高整体效益。

（2）漏斗分析模型。

不少企业采用漏斗分析模型来提升用户体验。具体而言，用户在使用产品的过程中，为了达到一定的目的，会采取一系列行动，进行多项操作。而在不同的操作环节，用户的流失情况也不同，要想提高用户黏性，就要利用漏斗分析模型查找问题出现的环节，并采取具有针对性的措施解决问题。

在用户登录电商平台或者进入内容首页后，需要经历多个步骤，直至最终下单或者进行内容评论和转发才算完成所有操作，其中任何环节都可能出现用户流失。运营方可采用漏斗分析模型，找出问题产生较为集中的环节，追溯问题根源，有针对性地解决问题，促使更多用户购买商品或消费内容。如图6-3所示：

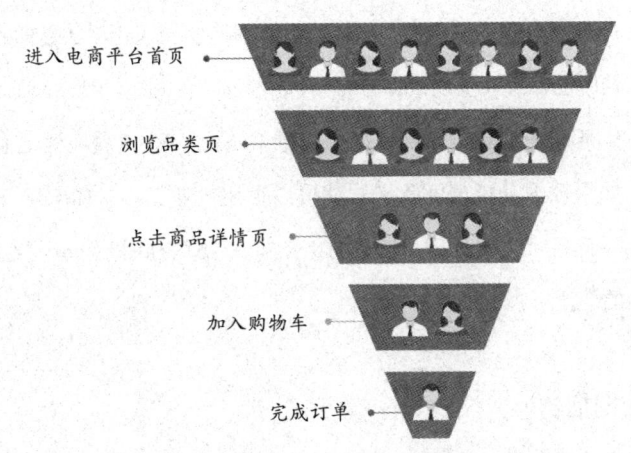

图6-3 用户在不同操作环节的流失示例

（3）用户行为分析。

在产品推出新功能之后，运营人员需要对新功能的市场接受度及其整体效果进行判断。这时应该进行用户行为分析，分析用户在使用过程中是否存在问题，从而决定是否要对产品的新功能进行调整。在具体分析的过程中，应该按照产品的业务流程制订有效的分析方案，综合考虑具体业务场景，更好地把握用户需求。这是企业在运营过程中应用比较普遍的数据分析框架。

运营方在进行数据分析时应该注意：根据具体业务场景，参考具体的业务情况来选择分析方式，明确分析步骤；为了提升数据分析的效果，需要根据产品性质及特点，选择相应的分析流程。

数据可视化

当数据分析结果缺乏直观性时，就应该实施可视化处理，这样便于相关部门根据结果安排后续运营流程。

（1）可视化方式。在进行可视化处理时，应该参考数据类型及部门需求，选择恰当的呈现方式。比如，饼状图能够表现各项数据的占比情况；柱状图能够直观呈现数据分布情况。

（2）可视化工具。如果数据分析难度不大，Excel就能满足企业的需求；如果数据分析难度较高，就可以采用专业工具（如Tableau）对数据结果进行可视化处理。除此之外，企业还可选用Echarts等生成各种复杂的数据可视化图表。

数据报告

完成数据分析之后，数据运营人员就需要做数据报告，以准确、清晰、完整的方式呈现分析结果，并为相关部门今后的运营提供有效的参考。数据分析报告的内容主要包括：阐述报告背景及想要达到的效果；标明数据来源；选择数据分析框架及具体的分析模式；对数据信息进行可视化处理；阐明数据分析结果，并根据结果为今后的策略制定提供参考意见。

在实际操作过程中，数据运营人员要根据具体情况突出重点内容，提高报告的针对性。

6.1.5　Step 5：优化数据运营策略

企业在明确数据运营想达到的效果之后，可以结合数据分析结果来制定适合自身发展需求的策略。企业的数据运营目的不同，数据分析结果不同，最终形成的数据运营策略也不同。在具体选择过程中，要综合考虑不同的业务场景和企业需要解决的问题。

当然，即便根据数据分析结果制定策略，企业也无法提前预知最终的实施效果和所需的实施时间。另外，在实施策略的过程中，要注意观察数据变化，及时核查数据指标的完成进度，提高策略执行的整体效果。

在以优化运营决策为目的进行数据分析时，需要注意以下几点，如图6-4所示：

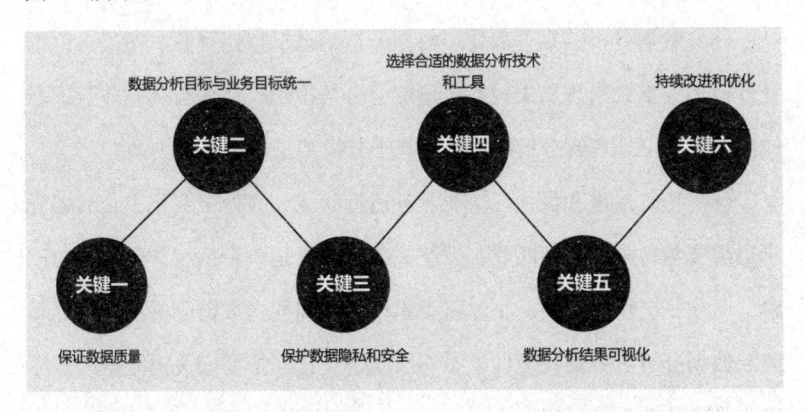

图6-4　以优化运营决策为目的进行数据分析的关键

（1）保证数据质量。数据质量主要体现在完整性和准确性两个方面。这就要求数据运营人员尽可能全面地整合数据，并确保数据来源真实可靠。保证数据质量是获取高质量数据分析结果的基础。

（2）数据分析目标与业务目标统一。所得出的数据分析结果是服务于业务目标的，并能够在业务决策中发挥实际效用，体现其应用价值。企业应该从业务目标出发，明确运营、决策过程中数据分析的多个维度，建立一系列算法模型，为业务决策提供有效数据信息。

（3）保护数据隐私和安全。企业的数据安全关系到企业是否能够在激烈的市场竞争中维持竞争优势，也是企业运营管理水平和品牌信誉的体现。随着管理、运营等活动数字化的深化，数据隐私和安全问题显得尤为重要，因此企业有必要建立完善的数据安全保障机制，避免数据被盗用或泄露。

（4）选择合适的数据分析技术和工具。不同的数据类型和数据分析目的，适用的算法模型或分析工具也有所不同。企业要根据数据分析目标和数据特性，选择合适的算法模型、工具或技术，从而快速、准确地挖掘数据中的有用信息，为运营决策提供支撑。

（5）数据分析结果可视化。数据分析结果可以用函数、图表、三维统计模型等形式呈现出来，并生成综合分析报告，从而帮助企业管理者或决策者更好地理解分析结果，并基于分析结果进行科学决策。

（6）持续改进和优化。企业业务运行状态一直处于变化中，数据分析也需要与这种变化相匹配，因此，数据分析是一个持续优化改进的过程，而非一次性完成的。企业需要积极关注周期内数据分析结果的可靠性和数据分析过程的科学性，并不断改进优化，把握好关键数据的实际应用价值。

总之，数据分析是企业运营必不可少的辅助工具。它不仅可以帮助企业进行科学决策，还有利于提高生产效率、改进运营流程。而在进行数据分析时关注数据质量、分析目的、数据安全、分析方法等，可以使数据分析的支撑作用得到充分发挥。

6.2 构建互联网产品数据管理体系

6.2.1 PDM的关键技术

随着计算机技术的发展和普及，到20世纪80年代中期，过去以纸质形式呈现的产品与工艺设计、生产管理与物资规划等内容，都可以通过计算机技术转化为不同类型与格式的数据，由此产生了数字化产品的概念，而这些数字化产品的数据管理则被称为产品数据管理（Product Data Management，PDM）。

PDM是基于企业的产品数据，对电子文档、数字化文件、数据库记录等所有与产品相关的信息和工作流程、更改流程等所有与产品相关的过程进行管理。具体来看，PDM通过对与产品相关的信息的合理把控及对与产品相关的过程涉及的部门和人员的管理协调，使研发设计人员可以随时获得需要的信息，并大大提高设计者之间、应用与应用之间的信息交互和反馈速度，从而最终实现缩短研发周期、降低成本、优化产品质量和性能的目的。

大数据技术的发展和应用为产品数据管理带来了更广阔的想象空间。特别是本身具有丰富数据基因的互联网企业,不仅有着迫切的PDM需求,而且与传统企业相比,其产品数据管理体系呈现四个方面的显著特征:第一,产品功能的多元化和快速迭代,使产品数据管理体系的构建过程更为复杂;第二,可获取的数据更加丰富多元,数据在产品运营和决策方面的重要性大大提升;第三,海量的数据信息和数据类型的多样化,对企业的数据处理和实时计算能力提出了更高要求;第四,企业需要具备更强的数据分析和挖掘能力,以便使数据信息能够在产品运营与决策方面发挥更大的价值。

PDM系统运用到了数据存储技术、面向对象技术、集成技术等关键技术,以下将进行简要介绍。

数据存储技术

数据存储技术对各类业务数据进行存储和有效管理,并支持数据高效共享,是PDM系统的重要功能之一。该功能可以通过两种形式实现:一是以文件形式存储数据,二是以记录形式整合到数据库中。目前的PDM系统普遍采用第二种形式。

通过数据库存储数据能够确保数据逻辑的独立性,同时便于建立该项数据与其他数据之间的联系,从而更有利于数据归纳、整合和分析。根据业务数据存储需求建立的数据库,通常含有标准化的、清晰的存储规则,能够科学地控制数据使用。对数据调用情况、更新情况进行记录,有助于保障数据安全,并通过备份等方式应对数据丢失、数据错误等问题。

面向对象技术

PDM系统涉及来自现实世界的多个参与对象，这些对象包括项目、产品、人员、文档、任务和工作流节点等。不同对象又涵盖了不同特点和要素，可能存在共性或差异；同一对象在不同时间、不同场合可能是动态变化的或静止不变的。PDM系统所运用的面向对象技术，能够基于对象特征实现描述、封装、多态、继承等功能，从而辅助企业高效处理不同对象的数据，充分挖掘数据的价值。

例如，在针对产品对象进行数据建模的过程中，系统能够对产品数据进行分层抽取和有序的整合、存储。当用户提出新的数据请求时，可以在既有数据或既有类别的基础上进行扩充，而详细的数据更新记录能够反映产品数据的变化。面向对象技术强化了PDM系统的应用性能，使其具备开放、灵活的特征，能够适应不同的场景应用需求，并与多种类型的计算机系统兼容。

集成技术

随着计算机技术的普及和应用，不同编程方法、算法模型的系统也不断涌现，用于解决相互独立的系统间信息传递问题的方法——集成技术逐渐成熟。集成技术实现了独立系统间信息的自动传递，该技术也被应用于PDM系统，作用于运行环境集成、信息集成、技术集成、功能集成、人员集成等不同层面。

PDM系统能够识别、理解并处理来自计算机辅助诊断（Computer Aided Diagnosis, CAD）、计算机辅助工艺规划（Computer Aided Process Planning, CAPP）、计算机辅助制造（Computer Aided Manufacturing,

CAM)、物料需求计划（Material Requirement Planning，MRP）等多种系统的数据。目前，鉴于不同系统在适用场景、数据分析目的等方面的差异，并未制定统一的数据标准和描述格式，这可能造成系统无法兼容、数据隔离等问题。而 PDM 系统依托集成技术，能够从不同系统中提取出共同信息，促进数据整合与高效分析。

6.2.2 数据统计指标设计

互联网企业的产品数据管理体系主要包括四个方面：数据统计指标设计，数据上报与采集，数据存储、处理和统计，数据分析与挖掘。

下面我们首先对数据统计指标设计进行简单分析。

产品优劣的衡量指标包括经营类指标、体验设计类指标和性能质量类指标。由于不同产品的定位和功能有所差异，因此很难通过完全统一的指标评判不同产品的优劣。更合理的做法是，基于产品自身的定位和功能，选取更有针对性的衡量指标作为产品评价的主要数据参考。例如，微信作为一款社交类应用产品，朋友圈的图片发布数量就是比较重要和独特的可以用来判断用户活跃度的有效指标。

互联网企业在设计产品数据指标体系时，常会面临以下问题：

第一，产品数据监控与追踪机制的缺位。相比传统企业，互联网企业产品的品类和功能都更为丰富多元，但有效的产品监控和评估机制的缺乏使企业无法获取用户满意度、产品各功能的贡献度等方面的反馈信息。

第二，数据需求的合理性问题。产品经理或运营人员提出的数据需求常常没有经过专业性的数据分析与评估，因此这些数据的完备性、准确性，以及纳入产品数据指标体系的必要性都有待进一步的评估。

第三，数据指标体系的科学性问题。现有的产品指标多是记录部分原数据，缺乏关键价值指标和对产品的立体化、多维度评估。

针对这些问题，互联网企业在设计产品数据统计指标体系时，可以从以下四个方面切入。

提炼产品关键价值指标

产品关键价值指标包括财务类经济收入指标和用户活跃度的总体指标，主要用于综合评估每个业务或功能的价值。其中，收入、日活跃用户数和付费用户数等是较为常用的产品关键价值指标。

构建立体化的产品评估体系

构建立体化的产品评估体系，即对产品关键价值指标的影响因素进行细分，通过立体化、多维度的指标体系对产品关键价值指标进行监控追踪。比如，用户参与度指标、用户留存类指标、产品性能类指标等都会影响产品的日活跃用户数，对这些指标进行细化、分析、监控和追踪，有利于更全面精准地获取用户活跃度的总体指标。

细分指标，开展专项分析

将产品关键价值指标细化分解，从不同的维度进行专项分析，以精准把握指标异动的原因，及时定位和发现问题。例如，从产品的不同版本或不同功能模块的角度对日活跃用户数这一指标进行细分拆解，有利于更准确地找到日活跃用户数产生异常变化的原因。

建立数据需求评审制度

定期（如每周）将数据需求方与分析师、数据开发人员召集起来共同讨论，以便能够根据数据需求的背景和商业目标建立更适宜的产品数据指标体系，并明确数据来源。若没有现成的数据来源，则需要数据开发人员进行数据上报。

6.2.3 数据上报与采集

数据上报是互联网产品采集数据的方式，也是产品经理或运营人员进行数据统计的重要数据来源之一，主要指数据开发人员通过编程或借助已有工具把相关的产品数据以日志的形式传送到数据上报服务器中，并对这些数据进行解析、入库，以方便产品经理或运营人员进行数据统计。

在数据上报中存在一个常见的误区是，很多产品经理或运营人员不能明晰数据上报和数据统计的区别，认为上报项就是统计项，不用上报便可直接做数据统计，或者认为提出了数据上报需求就等于获得了数据统计结果，又或者以为做了数据上报测试就不用再进行数据统计测试。结果常常导致产品上线后无法获得关键运营数据。

还有一个更为严重的误区是，一些产品经理或运营人员为了尽可能多地获取数据，盲目地提出上报数据需求，而不管上报的数据是否有价值。这显然会造成企业数据开发资源、数据存储资源和人力资源的极大浪费。

数据上报采集时常会遇到的问题是，产品经理或运营人员上报数据需求时，对上报条件和规则的描述阐释不够清晰，且不能与数据上报的开发人员、测试人员进行及时有效的沟通，从而导致双方理解上存在偏差，容易导致返工等浪费资源、人力和时间的状况。

因此，为了使数据上报更加精准有效，产品经理或运营人员提出数据上报需求时应明确以下要点：统计项名称、统计目的、统计方式、上报项描述、业务逻辑和触发条件。对互联网产品而言，可以将此作为数据上报需求的模板，以提升产品数据上报需求的质量，节约沟通成本，提高沟通效率。以"发送图片成功账户数"为例，数据上报内容应包括以下几项内容，如表6-1所示：

表6-1 数据上报内容要点示例

数据上报内容要点示例	
统计项名称	发送图片成功账户数
统计目的	产品关键数据之一，衡量产品运营整体效果
统计方式	日周期统计
上报项描述	该用户成功发送图片的次数
触发条件/业务逻辑详细描述	发送成功账户指自定义图片由发送方计算机成功上传到服务器，当天只要有一次发送成功则被记为成功账户

6.2.4 数据存储、处理和统计

数据上报到存储服务器，经数据开发人员的解析处理后，便可满足产品经理或运营人员的数据统计和展示需求。不过，在大数据时代，企业的数据存储、处理和统计面临着更大的挑战：数据规模巨大，结构化、非结构化和半结构化数据并存，数据存储管理更加复杂。

传统数据库由于技术和功能方面的限制，无法有效应对大数据存储的更高要求。对此，互联网企业可以采用分布式文件系统和分布式数据库技术来解决大数据存储、处理和统计方面的难题。同时，大数据存储还需要考虑数据的生命周期管理问题。因为在信息极度膨胀和快速更新的互联网商业时代，数据既有其生命周期，也有着相应的存储维护成本，特别是随着企业存储服务器中数据规模的扩大，数据的维护成本越来越高，而使用效率却逐渐降低。这就需要企业在数据管理时必须考虑这些问题：哪些数据具有一直存储的价值？哪些数据在存储一定时间后便可删除？对需要一直存储的数据是在线存储还是离线存储？

对此，互联网企业可以基于时效、访问频率和重要性对产品数据进行细分，进而结合不同类型数据的存储和维护成本，制定最佳的存储策略。例如，交易型数据的访问频率和重要性都很高，因此可以采用在线存储的方式。

而在数据处理和统计方面，基于庞大的数据基数，运营人员需要解决的重点问题有：

（1）不同数据的处理需求。优化数据处理方法，满足不同结构特征对数据的处理需求。按照结构特征的不同，大致可以将相关数据分为结构化数据、半结构化数据和非结构化数据等类型。

（2）数据处理时效问题。从数据处理速度方面看，大数据处理可以分为实时计算、准实时计算、非实时计算等处理方式。查询分析类计算、流式计算需求通常有着较高的实时性；而对复杂数据信息挖掘计算或大批量的数据处理，通常离线进行，并不要求过高的实时性。数据的实时传输与共享是确保平台交互性能的重要条件，因此要根据不同的数据处理需求，提供相应的软硬件支撑。

（3）基于硬件平台性能优化并行计算体系。大数据处理离不开硬件平台、分布式存储与并行计算体系结构的支撑，如编程模型MapReduce是一种常用的大规模数据集运算方法，但随着数据量、复杂数据处理需求的增长，原有计算模型已经难以满足数据实时响应的需求。目前，内存计算逐渐成为迅速完成大数据处理的重要方法。

（4）对关联数据的融合处理。如MapReduce可以用于大规模数据集的并行运算，能够完成数据关系较为简单的计算任务。但社交平台等产品中存在海量庞杂的数据，其数据关系也更为复杂，因此可以引入图计算[1]等计算模型。

6.2.5 数据分析与挖掘

数据分析与挖掘的前提是拥有集成的筛选过的可信度高并能够高效访问的数据。只有经过深度分析与挖掘，大数据才能发挥出更大的价值。不过，与传统的数据统计分析不同，大数据的特质要求企业必须建构出相应的大数据能力和体系。具体来看，大数据时代企业的数据分析和数据挖掘体系需要处理好以下问题。

大规模数据的处理和分析

大数据时代，数据规模庞大且扩大迅猛，企业可以利用大数据技术对所采集的数据进行处理，也可以通过抽样等方法选取具有代表性的数据进行分析，进而以样本推断整体。不过，在一些领域中，抽样分析的方法很容易导致某些整体关键信息的丢失。因此，企业进行大数据分析

---

[1] 图计算：Graph Processing，一种适合于数字化时代的计算类型，指的是将数据按照图的方式建模，以获得用扁平视角难以得到的结果。

的首要挑战是对大规模数据的处理和分析。企业可以基于自身所拥有的资源提升大数据技术实力，也可以与第三方专业平台合作提升数据分析的精准度和有效性。

数据分析的广度和深度

在数据分析的广度方面，大数据中不仅有结构化数据，还有半结构化和非结构化数据。数据类型的多元化使企业可以从更多的维度对数据信息进行解读，从而拓宽了数据分析的广度，能够发现更多有价值的信息。

在数据分析的深度方面，大数据算法和多元复杂的统计分析模型，使企业可以对大数据进行更有深度的分析，挖掘出大数据的更大价值。比如，通过大数据的深度分析，企业可以预测客户流失的概率和原因，并对造成数据异动的因素进行实时监测和定位。

因此，大数据在数据分析的广度和深度方面是传统数据无法比拟的，能够真正发挥出数据信息在企业管理、运营和决策中的重要价值。

数据分析和挖掘的实时性

大数据时代，信息的快速变革更新对企业数据查询和分析的实时处理能力提出了更高要求。数据分析越快、越及时，其价值就越能得到发挥，企业也就越能够从容有效地应对快速变化的外部环境。例如，通过对用户近期线上浏览和消费行为的信息进行大数据分析和挖掘，可以合理预测用户的潜在需求，进而通过有针对性的精准推荐激发用户的购买欲。

显然，预测和推荐的过程越快，越容易促成用户的消费行为。不过，对多数企业来说，数据分析和挖掘的实时性也是大数据应用的最大痛点。对此，企业可以借助Apache Spark[①]等提升自身对大数据的实时计算和分析能力。

数据分析的自动化和可视化

大数据规模的庞大和管理的复杂推动了数据分析的自动化、可视化。一方面，企业中的数据分析人员可以将积累的分析经验和思路转化成分析模式，并将这些数据分析模式提前设置到"机器"中，借助"机器"实现大数据分析的自动化、智能化，从而极大提高数据分析效率。另一方面，数据处理分析人员可以借助可视化手段将复杂难懂的大数据计算结果用具象化、可视化的形式呈现出来，以便让产品经理或运营人员更准确地理解数据分析结果，进而做出更明智的决策。

整体来看，构建互联网产品数据管理体系，需要企业在明确数据体系商业目标的基础上构建科学合理的产品数据指标体系，遵循数据上报规范，提升大数据存储和处理能力，做好数据的生命周期管理，增强数据分析和挖掘的实时能力，进而形成数据体系设计、数据上报采集、数据存储计算和数据分析挖掘的良性循环。

因此，互联网产品数据管理体系的打造不是某个数据分析师或产品经理的责任，而是需要产品经理、产品运营人员、数据开发人员和数据分析师等共同协作。

[①]Apache Spark：专为大规模数据处理而设计的快速通用的计算引擎。

6.3 社群数据运营的指标设计

6.3.1 社群数据运营的三个方面

一般而言，社群是指分散在不同时空场景中、具有共同兴趣爱好或价值观的人通过线上平台连接聚合起来，并在后期通过产品、服务等满足群体需求的一种组织形态。这是一种围绕某个共同点（兴趣爱好、价值观等）自发组织起来，先有群体再逐步完善服务的社群模式。而对多数互联网公司而言，社群运营都是围绕产品形成的，是一种先有产品和服务，后有社群的模式。

在互联网时代下，社群经济已成为一种备受瞩目的创新经济模式，在产品运营和市场营销方面具有巨大的价值空间。因此，互联网商业环境下的产品运营无法绕开社群，而社群数据在产品社群的运营和管理中具有重要价值。

产品经理或相关人员在运营互联网产品时，常常会进行产品的数据管理，以实现运营的可视化、可量化，从而更好地完成产品运营管理工作。同样，产品社群也需要数据运营。只是，与相对成熟的产品数据运营不同，多数运营人员对社群数据化的理解较为简单和片面，在社群运营中将重心放在了如何吸引用户加入、如何避免用户发送广告等方面，甚至将提高社群每天的信息产出量作为运营管理的主要目的。这些内容是实现产品社群运营目的的基础，当然也很重要，但却不能等同于社群运营目的本身，运营管理人员应该明确认知这一点。比如，一个以拉新为目的的产品社群，并不是App的下载量更多就可以了，更重要的是让用户投入更多时间参与社群互动。

因此，运营管理人员只有对社群运营的目的（即产品运营为何要做社群）有着清晰的认知，才能深刻理解社群数据化的真正意义和价值。

社群经济的全面爆发，既推动了各类产品社群的不断涌现，也使社群间的竞争越发激烈，从而社群的用户获取难度和成本也更高。这一状况要求社群管理人员改变以往侧重拉新的运营方式，注重社群的精细化运营管理，以便用最少的资源获得对社群和产品最有益的效果。社群数据运营正是达成这一目标的有效手段，在扩大社群用户规模、增加活跃用户数量、提升内容输出和产品业务能力方面具有重要价值。

整体来看，社群数据运营的内容包括社群用户行为数据、社群用户内容数据、社群业务数据三个部分。

社群用户行为数据

产品社群中用户的交互行为十分多元，不仅有加群、发言、发红包等基础行为，也有签到、购买、投票等接入第三方社群管理工具后的延伸行为。不同的社群行为反映了用户的不同特质，因此可以基于社群中用户行为的统计数据对用户进行分类，进而针对不同用户群体实现精细化管理，提升整体用户的活跃度。

社群中的用户行为包括签到、发言、讨论、引导、分享等。对不同社群行为的用户数据分别进行统计分析，便可以实现对社群用户的分类，从而对社群用户的分布状况有一个整体把握，并精准定位哪类用户容易出现问题，哪些用户需要重点维护和优化。

通过分析用户行为，给不同用户贴上标签，也有利于运营人员根据用户行为特质进行更有针对性的内容或产品推送。

社群的生命周期类似一条抛物线，在达到顶点后社群活跃度便会不断下降。不过，通过分析社群用户行为数据，运营人员可以准确定位社群所处的生命阶段，从而采取有针对性的策略增强社群生命力。比如，运营人员可以在社群整体签到率小于45%时清理掉不签到的成员，并为社群补充新鲜血液，从而使社群始终保持着较高活跃度。

社群用户内容数据

社群用户内容数据统计分析是对用户在社群中输出内容的数量、特征等方面进行统计分析。一般而言，社区类产品用户的内容数据统计项主要包括发帖量、评论量、点赞量和分享量；产品社群则主要对用户发言的数量、趋势、热度进行统计分析，有些时候还需要对特定时间段的用户内容数据进行统计分析。

具体来看，社群用户内容数据的统计项如图6-5所示：

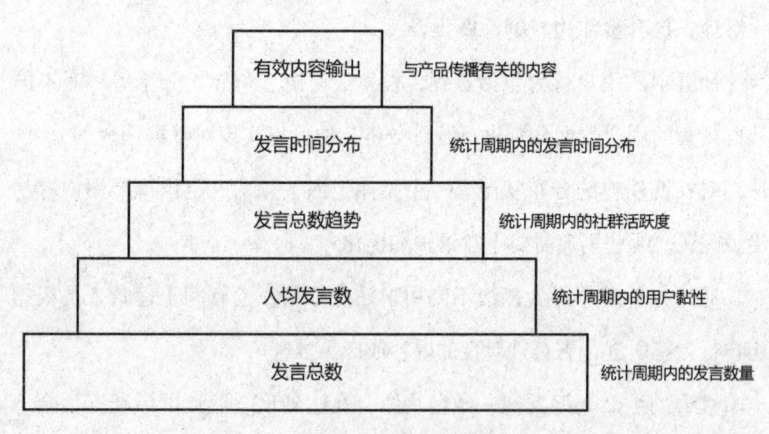

```
┌─────────────────────────┐
│      有效内容输出        │ ── 与产品传播有关的内容
├─────────────────────────┤
│      发言时间分布        │ ── 统计周期内的发言时间分布
├─────────────────────────┤
│      发言总数趋势        │ ── 统计周期内的社群活跃度
├─────────────────────────┤
│      人均发言数          │ ── 统计周期内的用户黏性
├─────────────────────────┤
│      发言总数            │ ── 统计周期内的发言数量
└─────────────────────────┘
```

图6-5　社群用户内容数据统计项示例

用户内容数据统计分析对社群内容的发布传播具有重要价值。比如，运营人员根据用户行为和内容数据分析能够明确哪个时段的社群活跃度最高，便可以选择用户最活跃的时间点进行信息推送，从而不仅获得比较理想的传播效果，还能够通过更多成员的参与讨论和分享提升社群的内容输出能力。

社群业务数据

普通的兴趣类社群只需进行社群本身的基础数据分析，便有助于提高社群的运营效率。而对产品社群而言，建立和运营社群的最终目标是促进产品核心业务数据的优化，否则用户规模再大、社群活跃度再高也没有意义。因此，产品社群的数据运营还需要对社群业务数据进行统计分析，以明确社群运营对产品业务的价值，进而决定是否继续投入资源和精力发展社群。

社群业务数据包括绝对值和相对值。在用户增长总量、用户留存率、付费用户数、购买销售额等绝对数据方面，产品社群由于规模方面的限制与其他运营模式相比并没有多少优势；不过，在用户留存情况等业务数据相对值方面，产品社群往往比其他模式更有价值，特别是对用户转化周期较长的低频产品而言更是如此。

6.3.2 拉新阶段的数据运营指标

在产品没有明确的推广方向或者处于冷启动阶段时，通过低门槛的社群获取和积累用户是一个不错的选择。比如微课社群模式，微课发起方邀请某个领域具有影响力的专家进行在线分享，从而吸引感兴趣的用户注册账号、关注公众号，进入社群学习。

微课社群模式的兴起，与用户针对某领域的学习诉求有关。从产品运营的角度来看，这种以关注公众号、转发图文、注册账号、填写报名信息等为准入门槛的社群，主要目的是拉新。需要注意的是，这类以提升公众号关注量、注册量等为目的的产品社群，在完成最初运营目标后最好适时解散，以避免在以后沦为广告群或死群，进而对产品形象造成不利影响。

在拉新阶段，运营的主要目的是尽可能多地获取有效客源，因此商家可以通过内容引流、活动裂变等多种方式来实现。该过程需要着重关注入群率、退群率和净增用户数三个数据指标。

入群率

入群率是指入群人数占推广信息覆盖渠道总人数（即入群渠道曝光量）的比例，计算公式为：入群率＝入群人数/入群渠道曝光量。

在运营过程中，商家需要关注的问题有：本次活动的入群率为多少？哪个渠道的入群人数较多？活动有哪些亮点或不足？如果某一渠道的入群率较低，应采取什么措施提高入群率？要提高用户进群的比例，可以从以下两方面入手：

第一，增强利益驱动。增加入群福利，如进群享受更多的折扣优惠，进群后可以领取代金券、迎新礼品等。

第二，扩大推广渠道。充分利用不同社交媒体的推广效应，例如朋友圈、公众号、百家号、微博等，提升品牌、产品的曝光度。

退群率

退群率即一定周期内退群人数占社群总人数的比例，它主要反映了社群运营留住用户的能力，同时也是社群价值的体现。商家需要关注用户退群的时间点，并充分分析可能导致退群的原因，及早采取必要的措施降低退群率。其计算公式为：退群率＝周期内退群人数/社群总人数。

净增用户数

净增用户数是周期内社群规模扩大情况的重要评价指标，也是后续运营策略调整、实施的重要参考依据。它可以帮助社群运营人员了解社群发展动态（例如处于增长阶段还是下滑阶段），并制定相应的运营策略。其计算公式为：净增用户数＝周期内新增人数－退群人数。

社群用户数变化的统计模板如图6-2所示，其中累计用户数和净增用户数的差异可以反映社群人数的增长趋势。运营方可以关注增长加速或减速的节点，结合当日运营动作，分析并改进运营策略。

表6-2 社群用户数变化的统计模板

日期	当日入群数	入群率	当日退群数	退群率	累计用户数	净增用户数
5.1						
5.2						
5.3						
⋮						

6.3.3 激活阶段的数据运营指标

产品类型不同，用户活跃度的界定标准也不同。比如，对搜索引擎类产品来说，用户搜索的频率就能够体现其活跃度；对社区类产品来说，用户发布内容、点赞、评论、收藏等行为均能够体现其活跃度；对电商类产品来说，用户的浏览、购买和确认收货等操作也能够不同程度地体现其活跃度。

提升用户活跃度在激活阶段显得尤为重要。一般来说，社群的用户活跃度越高，用户体验更容易获得正向反馈，用户对社群的认可度就越高，其留存率也就越大，社群价值也越大。因此，在激活阶段，运营方需要关注互动率、消息总量/人均消息量、消息的时间分布、话题频次四个数据运营指标。

互动率

这里所说的互动率主要是指一定时期内产生有效互动的用户数占社群成员总人数的比例。其中，有效互动的标准由运营人员根据运营需求来定义，例如周期内至少有一次发言，或参与点击抽奖、接龙、领红包等，根据相应的标准筛选出活跃用户，进而进行数据统计。

互动率是衡量社群活跃度的重要指标，其计算公式为：互动率＝周期内有效发言人数/群成员总人数。通常互动率越高，意味着社群活跃度越高，说明社群质量越高。互动率下降是社群运营中的常见问题，针对该问题，可以参考以下解决思路。

第一，设置自动聊天机器人，辅助运营人员解决用户的基础问题，或完成社群运营的常规性任务。

第二，培养KOL，通过与运营方配合，活跃社群氛围。

第三，构建积分系统，通过抽奖、福利兑换、签到等功能提高社群成员的积极性和关注度。

消息总量/人均消息量

消息总量主要是指周期内社群中互动消息的总和，用消息总量除以社群人数就能够得到人均消息量。互动消息量能够反映用户对运营活动的参与程度。互动消息量高，说明该周期内用户参与程度高，反之则说明用户参与程度低。在用户参与程度较高的情况下，可以进一步分析影响用户互动积极性的因素和社群互动特点，结合用户喜好和习惯，优化运营策略。

消息的时间分布

该指标要求对周期内（例如一天）互动消息的分布情况进行统计，由此明确互动消息密度较高的时间段，从而有针对性地在这段时间内安排活动或推送信息，以提高社群用户的积极性。

话题频次

该指标要求对周期内社群互动话题或出现的关键词频率进行统计，根据频率了解社群用户的关注点、喜好和需求等信息，完善用户画像，从而根据用户需求改进运营策略，开展更容易受到用户青睐的活动，以增强用户好感，提高社群收益。

激活阶段的数据运营指标统计表如表6-3所示：

表6-3 激活阶段的数据运营指标统计表示例

社群名称	值班运营	社群人数	当日发言人数	互动率	消息总量	人均消息量	消息时间分布	高频词汇
社群A								
社群B								
⋮								

6.3.4 留存阶段的数据运营指标

由于产品的用户量需要不断累积，因此对比获取新用户，用户留存也极为重要。运营方除了通过公众号等渠道持续为用户推送有价值的内容外，还可以围绕用户需求和兴趣打造社群，从而进一步提高用户黏性。

留存是社群运营的重要目标，而如何提高留存率是该阶段面临的主要难题。留存率主要是指周期内新留存用户数在该周期内新增用户（即新加入群的用户）总数中所占的比重，其计算方式如下：留存率＝周期内新留存的用户数/新增用户数。

在留存率的计算中，涉及一个"第N日留存"的指标，即从新用户加入到第N天以后，仍然留存的用户占这批新加入用户数的比例。其计算公式为：第N日留存率＝新增日之后的第N天还留存的用户数/新增日当天的新增用户总数。

留存阶段的数据运营指标统计表如表6-4所示：

表6-4　留存阶段的数据运营指标统计表示例

日期	用户留存率			
	1日留存	2日留存	3日留存	…	30日留存
3.1					
3.2					
⋮					

社群运营的过程实际上也是应对用户流失的过程，几乎没有社群能够做到用户完全留存。那么，当用户流失时，运营人员应该对流失原因进行深度分析，例如产品原因、服务原因或其他客观因素。同时，运营方可以采取一定措施，如发放优惠券、优化改进运营策略等，尽可能召回用户。

不过，留存率并不是该阶段唯一重要的运营指标。实际上随着社群不断成熟与发展壮大，社群会发生"裂变"，用户类型或不同用户层次的差异将进一步凸显，部分非精准用户将难以进入更高的变现阶段。因此运营人员需要通过一定手段进行分类整合，筛选出有潜力的目标用户，对于非目标用户可以进行转移，从而提高社群质量，进行有针对性的精准运营。

6.3.5 转化阶段的数据运营指标

对客单价比较高的产品，运营方也可以通过社群将粉丝用户转化为付费用户。在企业的各种推广渠道中，虽然微信公众号可以通过贴标签的方式进行用户分类和管理，但多数企业依然很难将这些公众号中积累的粉丝转化为产品付费用户。

以女性素质教育类产品为例。在通过线下讲座积累到大量粉丝后，产品人员面临的难题是如何通过精准运营将这些粉丝转化为付费课程学员，从而实现价值获取的目的。这时，运营人员便可以组建与课程内容相关的兴趣社群，将社群成员招募信息发送到公众号中，从而吸引那些对课程内容感兴趣的粉丝加入社群，完成对公众号粉丝的第一次筛选。

在之后的社群管理过程中，运营人员可以向成员推送与兴趣社群高度相关的课程，并辅以多种优惠促销手段，实现用户付费转化和重复购买。

促成用户的购买行为是转化阶段的核心任务，也是社群运营的最终目标。该阶段需要关注的指标主要有转化率、复购率及客单价等。转化率是运营效果的总体反映。转化率发生变化是多种因素共同作用的结果，运营人员需要从用户付费意愿、商品价格等多个方面进行分析。复购率、客单价是从单客层面看，可以辅助筛选高质量的客户，为构建合理的客户分级权益体系提供数据支撑。

转化率

不同的业务场景对转化率指标的要求有所不同。影响转化率的主要因素包括广告投放与推广方式、产品质量、服务、价格、品牌形象等。其计算公式为:转化率=订单数/群成员总数。

运营人员可以通过多种方法或途径提高转化率,但需要遵循以下原则:

其一,制造"稀缺性"。例如开展社群活动或发放优惠券时,可以对活动时间、参与名额、活动奖品(或优惠券)数量进行限定,创造机会均等但获益名额有限的条件,鼓励用户积极参与;

其二,给出承诺。例如常见的承诺有"正品保证""包邮""无条件退换"等;

其三,重视客户的反馈评价。鼓励客户对产品进行点评反馈,并及时处理问题或异议。

社群ROI(投入产出比)

该指标主要用于评估成本投入是否适度,避免因投入过大造成预算超支或入不敷出。其计算公式为:社群ROI(投入产出比)=销售收入(产出)/成本(投入)。通常,当ROI大于1时,说明销售收入盈余较多,可以适当加大投入。

客单价

客单价也是运营人员需要关注的重要指标。它可以反映社群客户群体的消费水平及社群质量。其计算公式为:客单价=订单总额/订单人数。在转化率处于同一水平的条件下,客单价越高,则收益越高。但客单价并不是越高越好,如果客单价过高,可能会影响后续运营,不利于社群用户基数增长。

营销额

营销额是服务类或营销类社群中对运营效果进行评价的重要参考依据,也是计算实际利润的基本参数。该指标可以通过客单价与销售量的乘积得出,其计算公式为:营销额=客单价×销售量。

运营方可以将营销额融入推广信息中对外展示,从而帮助社群运营人员提高知名度、提升品牌形象,进而促进社群用户向订单用户转化。

总体来看,无论组建社群的目的是拉新、激活、留存还是转化,随着社群规模的扩大,运营人员都必须找到一个合适的连接点,只有这样才能提高产品社群的运营效率和效果。这个连接点通常是公众号或App,通过社群与自有渠道的链接实现社群与产品的相辅相成、交互强化。一方面,基于社群成员交流的话题发掘其兴趣点,从而推送成员感兴趣的话题和相关产品链接;另一方面,基于产品的价值吸引目标受众,邀请其加入社群,实现产品反哺社群。

在这一过程中,社群数据化有利于产品运营人员更准确地把握社群对产品的价值,从而更有方向性和针对性地进行产品社群的运营。

07 活动运营

7.1 活动筹划准备工作

7.1.1 活动运营的类型

活动运营,可以指通过开展活动来实现用户增长、用户转化、品牌宣传等目标的运营手段,也可以代表一种职务名称,其具体职责包括活动策划、活动实施等。在进行活动运营之前,首先需要确定开展什么类型的活动,因为活动类型不同,意味着活动目的、活动形式、活动方法均有所不同。

一般来说,用户成长路径和生命周期符合AARRR用户增长模型,而活动运营就需要围绕AARRR用户增长模型的五个阶段明确相应的活动目标和活动方式,如图7-1所示。

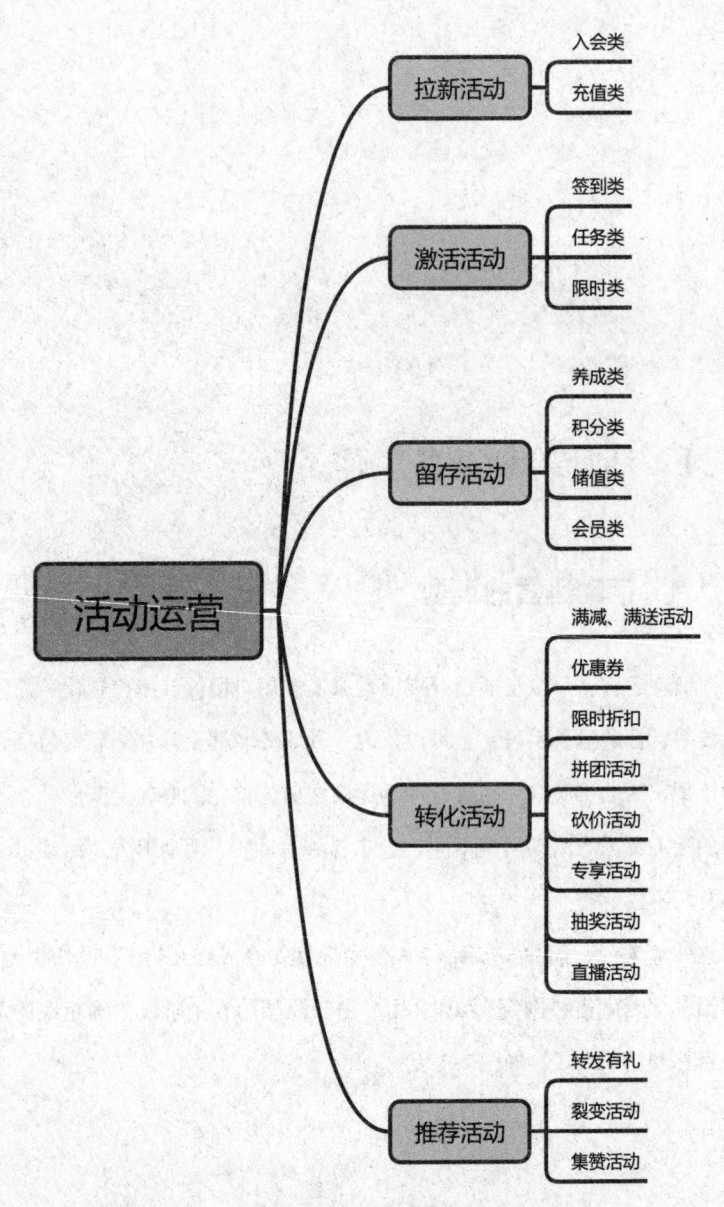

图 7-1　活动运营的活动目标和活动方式

拉新活动

在品牌创立初期或产品上线初期,企业最主要的需求之一是新用户增长需求。受到市场等多方面因素的影响,产品在发展过程中可能存在老用户放弃使用产品、新用户增长率下降等情况。用户增长是企业或产品持续发展的基础。拉新活动可以有效促进新用户加入,为后续用户转化提供条件。拉新活动可以通过入会、充值等方式实现:

(1)入会类。通过赠送折扣券与福利券、积分累积与兑换等方式吸引用户成为会员,为后续活动开展奠定基础。

(2)充值类。通过充值赠送礼品或充值享受优惠折扣等方式拓展新会员,该方法还有助于提升交易额。

激活活动

针对已经成为产品的用户或企业的会员但活跃度不高的用户群体,运营方可以通过开展具有针对性的运营活动将其"激活",从而提高用户使用产品的频率和增加平台日活跃用户数。具体活动类型如下:

(1)签到类。例如用户在平台上每日签到、打卡即可领取积分、抽奖等。

(2)任务类。用户完成平台设置的新手任务、每日任务或周期任务,就可以领取奖励。完成的任务类型越多,意味着活跃度越高,则能够享受到的福利越大。

(3)限时类。例如限时抽奖、限时抢购等。在限定时期内用户可以享受到较大的福利、折扣或优惠,以达到激活用户的目的。

留存活动

留住一个老用户的成本往往低于拓展一个新用户的成本,因此留存活动也是运营活动的重点。针对较为活跃的新用户或曾经活跃的用户,可以通过开展运营活动来提高其留存率。留存活动有以下几种基本类型:

(1)养成类。在平台中构建养成系统,通过养成系统引起用户的养成兴趣,从而提高活跃度和留存率。例如支付宝平台上的蚂蚁森林,当用户被蚂蚁森林的玩法吸引时,即使不使用支付宝的核心功能,也会不定期登录蚂蚁森林,从而实现用户留存。

(2)积分类。构建合理的积分体系,例如搭建积分商城,便于用户使用积分兑换、抵现购买商城中的物品,或使用积分抽奖兑换其他福利或优惠。

(3)储值类。储值活动不仅可以用于拉新,也是平台留存用户,吸引用户复购的常见方法。该类活动有利于提前锁定储值用户,让其在平台上进行消费,从而引导用户持续留存。

(4)会员类。平台可以通过构建会员体系促进用户留存,该体系一般包含等级机制或勋章机制。用户等级越高,能够获得的利益(包括精神奖励和物质奖励)就越大。例如滴滴出行,其账户等级随着消费金额的增加而提升(从普通级别到黑金级别),高级别用户可以享受更多权益。会员体系也是用户运营的重点内容。

转化活动

从广义上来说,用户转化指用户通过完成商户所期望的行为进入所规定的用户生命周期的下一阶段;从狭义上来说,用户转化主要指通过开展运营活动，使原本没有付费意向的用户转化为付费用户。此类活动通常是为了增加营收而设计的，具体活动类型如下：

（1）满减、满送活动。这是运用最为广泛的转化活动之一，具有操作简单、容易取得良好效果等优点。通常运营方需要根据平台上用户以往的交易数据（如用户购物偏向、消费频次、客单价等）确定一个消费数额，当用户单次消费金额达到该数额时，则设置自动打折或赠送优惠券、实物商品等。

（2）优惠券。发放优惠券也是一种常见的转化活动。优惠券主要用于抵扣一定量的消费金额，其使用条件可以限定为特定商品、特定消费额度等，其类型包括满减券、折扣券、代金券等。优惠券可以单独使用，也可以配合拉新活动、留存活动等其他活动使用。优惠券的发放途径可以是多种多样的，比如用户通过参与本平台内的活动领取，或者平台与其他平台、渠道商、品牌联动发放。优惠券通常会规定使用期限，以加快用户转化进程，优惠券的属性需要平台根据用户类型、消费习惯等信息来确定。

（3）限时折扣。与上述两种活动类似，限时折扣活动大多出现在特定商品的促销活动中，同时可以与会员储值等活动共同开展，以促进用户转化。

（4）拼团活动。拼团是一种能够有效提高用户转化率的活动方式，通常被应用于清理库存和裂变拓客等场景中。具有吸引力的拼团价格，结合社交网络的传播，可以在短时间内取得较为理想的成效。

（5）砍价活动。砍价活动也是一种依赖于社交媒体的运营活动。用户邀请好友帮助砍价的过程也是促进推广、拓客的过程。砍价活动具有自主传播等特点，且与转化同步进行。需要注意的是，该类活动涉及诱导分享，平台需要加强风险把控。

（6）专享活动。此类活动主要针对特定用户群体开展，即赋予该群体一定的"特权"。享受专享活动的用户范围可以通过运营目标来确定，也可以基于用户级别、用户消费记录等数据信息进行自动筛选。

（7）抽奖活动。基于用户风险偏好心理，通过积分兑换、消费赠品等方式给予用户抽奖机会，奖品则可以设置为优惠券、积分、实物赠品等，以此进一步促进用户转化。

（8）直播活动。直播活动是一种互动性较强、能够实时获取用户反馈的运营活动。折扣、抽奖、优惠券、秒杀等活动都可以与直播活动自由搭配，好的直播活动能够有效刺激用户转化，但需要注意直播话术，避免因直播事故等原因给品牌造成负面影响。

推荐活动

推荐活动（传播）是AARRR用户增长模型的最后一个环节。该类活动的主要思路是通过各种类型的奖励驱使用户在社交网络中主动帮助平台推广，由此使用户进入新的AARRR流量闭环。

（1）转发有礼。例如通过发放优惠券、积分、实物奖品等福利，鼓励用户在社交媒体上转发平台的活动页面或推广文案。例如微博、微信小程序中常出现转发活动。

（2）裂变活动。具体活动形式有建群宝、任务宝、积分宝、老带新拼团或多级分销等。

（3）集赞活动。主要出现在微信生态圈中。一种形式是朋友圈集赞，即通过集赞的方式获取朋友圈好友的关注；一种形式是公众号留言集赞，该形式的互动范围、推广范围更加广泛。

7.1.2 确定活动目标

活动运营人员的主要工作之一就是不断发现并解决平台、产品或服务中存在的问题，以促进其整体优化改进。围绕这一工作内容，我们可以将运营活动准备阶段的主要任务划分为确定活动目标、盘点活动资源、确定活动主题和协调活动需求四项。

这里说的"活动目标"，主要是指通过运营活动要达到的预期效果。活动目标是根据现阶段业务运营情况和所存在的问题来确定的。解决问题是运营活动的出发点，具体解决路径可以分为三步走，包括分析现状、找出问题，拆解要素、明确主因，确定目标、采取措施。

分析现状、找出问题

运营人员需要依托平台数据，根据运营需求对其进行充分的挖掘、分析，找到问题关键点，以此作为基础设计运营策略。

以电商平台为例，平台中涵盖了各个维度的数据信息，如用户活跃数、用户活跃时段、周期内平台销售额、动销商品数等。运营人员对数据进行分析比较（包括环比、同比增长或下降，周期内平台销售额与活动的关系等），找到该阶段不符合预期变化趋势的数据类型。这就是需要解决的问题点。而对于平台数据的分析，则要求运营方具备专业的数据分析能力。

拆解要素、明确主因

运营人员明确现阶段的主要问题后，需要分析产生问题的原因或影响问题产生的因素（尤其是主要因素、决定性因素），即找到主要矛盾的主要方面，据此制定具体解决方法。在主要影响因素的评估方面，发展成熟的企业通常会在长期的实践积累中形成一套与业务模式相适应、较为成熟的方法论。以下将简单地介绍公式法和流程法两种方法：

（1）公式法。主要是将影响问题的各个因素的数据带入公式中，通过函数表达确定影响因素与问题之间的关联性。例如在电商行业中，对成交额这一重要指标的计算公式为：成交额＝客单价×浏览量×转换率。这意味着成交额主要受客单价、浏览量、转换率三个因素的影响。如果成交额下降，则可以从三者中逐一排查，找到影响成交额下降的因素。

（2）流程法。该方法的基本思路是将整个过程分为若干个关键步骤，再按照先后顺序分析每个步骤的情况，确定各步骤对结果的影响程度，从而有针对性地改善相关流程步骤。

确定目标、采取措施

运营人员在明确了主要问题及导致问题发生的主要因素后，就可以着手解决问题，即进入问题解决阶段。问题解决策略的制定离不开目标（即期望达成的指标）的引导。这一目标可以基于问题本身，也可以基于影响问题的主要因素来确定。常见的活动指标包括独立访客量、访问量、日活跃用户数、商品交易总额、客单价、留存率等。

以电商平台为例，如果运营人员在分析数据后发现近期的客单价持续下滑或偏低，则可以将提升客单价作为目标，制定明确的提升数值（可以表示为期望增长的差额或比例），并从影响客单价的因素着手改进。在撰写活动方案时，需要尽可能详尽地写出存在的问题及问题解决要点等，而具体解决措施则需要在盘点活动资源后才能明确。

7.1.3 盘点活动资源

活动资源主要指可供运营活动调用的人、财、物方面的资源。只有明确可用的资源量有多少，才能"量米下锅"，使运营活动可控，并达到效益最大化。在协调运营资源时，可能涉及不同部门、不同业务线，同时又由于职级限制，活动参与者可调动资源的权限有所不同，因此需要提前做好活动方案，提交至相关部门审批协调。

运营人员可以根据不同标准进行资源盘点。以下将从资源类型和收费与否两个方面进行简要介绍，并就活动资源与活动预算的协调问题进行分析。

资源类型

从资源类型来看，活动资源可以划分为人、财、物三类。

人：指能够为活动提供劳务支持的人员，比如美工、文案人员、数据员、研发人员、项目对接人等。

财：指能够为活动提供预算支持的资金，预算项目可能包括流量购买、礼品采购、渠道推广等。

物：指能够支持运营活动顺利开展的各类物质资源，主要包括发放给用户的礼品、参与活动的折扣商品、投放广告的资源位等。

是否收费

根据不同收费标准，可以将活动资源划分为免费资源和收费资源。

运营人员在进行活动策划时，为了尽可能地降低预算，应该优先利用免费资源，再考虑利用收费资源，并考虑这些收费资源是否可以用免费资源代替。例如评估是否可以将给用户的实物奖励替换为会员积分、期限内的高级会员权限或平台的广告资源位等。

活动资源与活动预算

一般来说，活动预算是在既有活动资源的基础上进行规划的。活动资源主要是指运营人员可调用的既有资源，活动预算则是指运营人员进行规划时所需要的资源。并非每一次活动都要调用所有资源，既有资源也不一定能够完全满足活动需求。运营人员可以就目前没有的、活动必需的资源提出申请。活动资源与活动预算之间存在交集，二者的关系如图7-2所示：

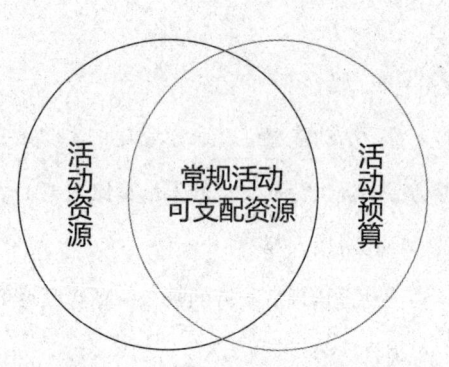

图7-2 活动资源与活动预算

运营人员进行活动策划时，常常会面临以下问题：是否要根据现有活动资源确定活动规模，或根据活动规模匹配活动资源？是否根据活动预算调整活动目标，或根据活动目标申请预算？对活动目标、活动资源或活动预算方面的侧重，往往受到不同营销战略的影响。例如，运营活动目标为使某品牌的产品在"双十一"期间的销售业绩（或订单量）达到同品类中的第一名，进而为后续的推广活动增加宣传点，可以调用所有资源，甚至可以增加预算。而如果运营活动的目标为清空临期产品的库存量，那么应该尽可能地根据既有资源进行预算规划，以降低运营成本。

总之，活动量级主要取决于活动可调配的资源，而针对一些规模较大、规格较高的活动，可以根据平台营销战略和运营目标申请更多的资源和预算，以确保活动收益的最大化。

7.1.4　确定活动主题

确定活动主题是活动运营的重要环节。只有确定了活动主题，才能够进一步明确其他环节的操作方法。活动主题一般与时间节点密切相关，在节日、假期等时间点开展运营活动，通常能够取得较好的活动效果。因此，运营人员有必要制作一款与产品属性匹配的活动日历。

活动日历上通常需要详细记录时令节点、民俗节庆、电商节庆等日期，并在此基础上根据年、月、周、日等时间纬度来确定活动排期。此外，排期应参考行业特性，例如线上教育学习平台需要关注毕业季、开学季等时间节点，有针对性地开展活动。活动日历的制定时间通常在每年年末。活动日历确定后，运营人员全年的工作计划也有了大致方向，进而运营人员能够根据特定的日期节点确定活动主题、活动形式等，可以提前准备策划方案及相关预算报批文件。其中，工作计划的时间颗粒度通常需要规划到时间周期的下两级，例如年度计划规划到月，季度计划规划到周……以此类推。

重复是增加运营活动收益的有效方式。平台可以以年度、季度为时间尺度,将某些特定活动固定下来,使用户形成习惯,甚至主动为该活动做准备。例如,"双十一"购物节从开始举办至今,成功使部分消费者形成一种在该时间段内有目的性地囤货、集中下单的购物习惯。

在一整年中,能够开展活动的时间节点有很多。企业需要基于用户消费习惯、行业属性等影响因素对活动资源进行倾斜,明确哪些活动的规模要大、周期要长,哪些活动的预算无须投入过多等,这就涉及活动量级的问题。根据现有习惯,活动量级可以分为S、A、B、C四个等级,具体活动内容划分如下。

S级别的活动:年货节(通常在春节前一个月)、"618"购物节(每年6月)、"双十一"购物节(每年11月)、"双十二"购物节(每年12月)等。

A级别的活动:妇女节(每年3月8日前后)、开学季(每年9月)、中秋节(每年9—10月)、国庆节(每年10月)等节点的促销活动,此外还包括不定期的店庆活动。

B级别的活动:情人节(每年2月)、元宵节(每年1—2月)、踏青季(每年4月)、母亲节(每年5月)、重阳节(每年9月)等节点的促销活动。

C级别的活动:不定期的单品特卖会、产品上新活动、会员生日优惠、会员专属日活动等。

活动量级的划分并不是固定的,不同行业对各类运营活动的级别划分存在差异,企业需要根据自己所处行业的属性进行调整。例如,对大部分零售电商来说,"618""双十一"等都是不可错过的S级活动节点;对鲜花行业来说,情人节和七夕节属于S级活动节点;面点行业的S级活动要把握住中秋节、端午节两个节点。从全年来看，7月份由于节日较少，容易出现活动空窗期，因此企业（平台）可以把店庆活动安排在7月，从而使运营活动更好地前后衔接。

7.1.5　协调活动需求

活动执行并不是运营部门能够独立完成的工作，它需要多个部门共同协作。通常，在活动策划阶段，运营人员就需要与其他部门积极沟通，告知参与部门基本的活动框架信息，包括活动背景、活动形式、活动目的等，并明确活动从策划到执行的各种需求，例如推广文案撰写、美术设计、礼品采购，以及线上活动所需的软件、技术支持。

在跨部门协作的过程中，参与部门可以各选出一名负责人，组成一个以活动为中心的项目小组，通过协商沟通确定可行的参与成员工作计划表，并由负责人及时跟进部门的活动任务。以联想集团为例，其项目小组秉持"搭班子、定战略、带队伍"的九字箴言，在确定了设计阶段的人员安排，即基本完成策划准备工作后，正式进入策划设计阶段。

需要注意的是，团队成员应该秉持积极的合作态度，在沟通时要掌握一定的沟通技巧，尽量避免因团队磨合不足产生各种内部矛盾。活动运营人员需要与开发人员协调并约定好工期，工期既不可过短，又要为后期调试与完善预留时间。此外，有的企业并没有自己的开发部门，使用的是由第三方提供的开发系统。为此，如果活动中有特定的功能需求、插件需求，运营部门需要提前提出申请，便于公司尽早安排采购，并为第三方公司预留充足的开发、调试时间，以保证系统质量。

项目小组的人员不一定是固定的，可以根据发起主体、活动量级、活动筹备流程等进行灵活调整。例如，就年中大促活动来说，活动形式以促销、折扣为主，形式相对简单，但要确定合理的折扣额度，离不开与市场部门人员和数据分析员的合作，因此项目小组需要将市场部门人员和数据分析员纳入其中。

7.2 活动策划执行工作

7.2.1 活动方案策划

运营活动策划方案的撰写,要求将活动背景、活动类型、活动玩法等内容以文字形式确定下来,这一过程离不开多个部门的协同合作。由跨部门的成员组成的项目小组在进行多轮头脑风暴后,最终形成相对完善的活动方案终稿。

活动策划方案一般有特定的格式要求,同时不同活动的具体方案内容又存在差异。策划方案中常出现的要素如图7-3所示。在实际的方案拟定的过程中,可以根据活动形式或活动目标对各要素进行自由组合。

图7-3 策划方案中常出现的要素

活动背景

活动背景可以理解为开展活动的原因或契机,同时也是确定活动目标的基础。对活动背景的描述可以从市场形势、竞品动态、市场热点、特定节日、平台数据、目标客群等方面切入。

活动目的(或目标)

活动目的主要指期望达成的活动效果,例如拉新拓客、推广裂变、复购增购、成交转化、活跃留存等都可以作为活动目的。活动目的与活动类型往往是相对应的。从量化评估的角度看,活动目的具体表现为相关数据指标(活动KPI)的增长,例如成交转化率、新增用户量、客单价、下单量、成交额等。

此外,活动目的与活动目标并不一致:活动目的侧重对活动的定性考察,活动目标则侧重对活动的定量评价。

目标用户

目标用户即活动所面向的用户群体。一般来说，所开展的活动越有针对性，用户的转化率就越高。运营人员可以根据既有用户数据（例如消费行为特征、身份特征、来源渠道等）对目标用户绘制画像，从而充分了解目标用户的特征，以此为基础进行活动策划。

活动主题

活动主题是运营活动的中心要素，也是吸引用户参与活动的主要因素，且各活动要素都是围绕活动主题来规划的。常规活动一般有相对固定的活动模板，只需要结合活动日历和具体的活动目标进行匹配组合即可。而如果要设计出一个能够引起大范围关注的活动，则需要在活动主题、活动内容方面引入一些令人耳目一新的要素。

一个好的主题通常具有以下特点：富有新意，富有趣味性，对象明确，参与方式简单且容易使参与者产生共鸣。

活动预算

活动预算如前文所述，即为了达到预期活动效果所需要的人、财、物方面的资源。活动预算与活动目标的关系可以表示为产出与投入的比值，该数值越高，说明活动效果越好。运营人员在撰写预算费用申请时，最好分类列出费用总金额及各项明细，以便于尽快通过审批。

推广渠道

宣传推广是使活动取得良好效果的重要支撑，一般同时利用多种渠道进行。按照渠道属性的不同，可以将推广渠道划分为自有渠道、付费渠道和赢得渠道三类。

自有渠道主要是指平台内部自有推广资源，例如开屏广告位、首页广告位、PUSH流（例如弹窗推送、搜索推荐）等。

付费渠道主要是指那些需要用其他资源置换或付费获取的推广渠道，包括微信公众号、微博官方号、抖音号、搜索引擎营销（Search Engine Marketing，SEM）、短信、楼宇电视、线下人工地推宣传等。

赢得渠道主要是指平台通过所规定的活动参与、互动方式，构建高效的分享机制，使用户主动参与推广过程。

活动时间

活动时间涵盖周期和节奏两个维度。活动周期即活动从上线到结束经历的时间。活动节奏则是活动推进的不同阶段，通常适用于有着较长时间周期的S级大型活动，对活动节奏的合理把控有助于使活动效果最大化，这也在一定程度上体现了运营团队的水平。

以京东、天猫、拼多多等电商平台为例，在每年的S级活动"双十一"促销活动中，平台都会提前出一份"作战地图"，指导商家进行活动策划。"作战地图"将为期约一个月的活动分割成筹备期、蓄力期、预热期、引爆期和收尾期五个阶段，每个阶段的工作侧重点和注意事项均有所不同。

7.2.2 执行手册撰写

为了使活动在执行过程中向着预期的方向发展，避免遗漏重要步骤或偏离正轨，通常需要将活动的各个细节进行梳理，形成执行手册。执行手册不完全等同于策划方案。策划方案主要面向上级领导提交审批，执行手册则是面向具体执行者，促进活动顺利开展落实。

活动需求清单

各参与部门的高效协作，是活动顺利执行的重要保障，而将活动需求记录为书面的需求清单，可以使参与部门明确要落实的分工任务，避免因遗漏或重复做功导致的推诿扯皮。活动需求清单按照资源属性可以划分为设计清单、开发需求清单、商品清单和物料清单等类型。

人员分工甘特图

活动参与部门明确活动需求后，就可以进一步明确项目组个人的职责分工，将不同的分工任务做成甘特图，从而不仅能够确保活动有序推进，还可以直观地了解项目组成员的工作进度，便于灵活调整和分配工作。人员分工甘特图通常需要做两份：一份用于在策划设计阶段计划与参考，一份用于活动上线后及时跟进。

执行流程一览表

执行流程一览表按照时间顺序对各个环节进行梳理，它能够直观展现活动具体流程情况，包含了步骤、执行时间、执行动作、对接人、负责人等要素，有助于项目组成员厘清思路、各司其职，按照正确的流程推进活动。

活动风险预案

在活动执行过程中，可能会出现各种各样的意外和风险，这些风险可能来自活动本身或外部平台、市场形势、舆论环境等。因此，项目团队需要对可能出现的风险进行预估，并制订应对方案或备选方案。例如，利用公众号进行推广时，可能面临被限流、封号的风险，因此一般同时使用多个公众号进行分流。

7.2.3 开发设计落地

在项目组完成组织、讨论、协调等工作，以及活动方案、活动计划等都准备妥当后，就可以进入开发设计落地阶段。在这一阶段，项目组成员将按照计划推进自己负责的任务，直到完成活动上线前的全部工作。其中，需要落实的工作可能包括文案撰写、海报设计、页面排版、应用开发、物料采购或制作等。

在执行过程中，运营活动负责人需要关注两个问题：一是小组成员的工作进度是否正常，避免因拖延造成工期延误；二是小组成员的工作方向是否正确，避免方向错误造成时间、人力的浪费。活动计划是否能够妥善落实，受到小组成员个人工作能力的影响。以下将对活动执行的具体工作进行简要介绍。

文案

撰写文案的目的是通过文字这一载体，清晰、明确地向目标用户传达活动信息。由于此类文案具有推广性质，因此在语言表达上一般要求凝练、生动、有趣、易识别，以尽可能吸引用户的注意力。同时，面向不同的用户群体，可以采用不同的文案风格。文案的需求场景主要有海报、广告页、推文标题及内容等。

公众号推文是企业、平台普遍运用的宣传推广渠道。推文作为以文字为主的传播媒介，其标题是影响用户是否进一步查看推文内容的主要因素，因此进行创作时要讲究一定的写作技巧，以下列出两点建议供读者参考。

第一，推文标题最好由多人共同讨论完成，可以在项目小组内进行头脑风暴，尽可能集思广益，最终拟定最佳的标题方案，避免因个人能力的局限性影响推广效果。

第二，创作推文标题时可以借鉴当下流行的"标题党"技巧，或在网络中查找相关标题教程进行学习，提高对文案标题的把控能力。根据现有经验看，能够取得较好推广效果的标题通常有以下特征：富有趣味、可预估的利益分享、贴近用户需求、令人向往与期待等。

在推文正文写作方面，对创作者个人的写作能力有一定要求。写作是一个需要长期积累、练习的过程。值得一提的是，推文创作者需要注意文案中参与方式的展现形式。如果参与途径简单、明确，就有利于达到品效合一的推广效果。具体地说，如果推文的正文篇幅较短，那么参与方式附在文章末尾即可；如果推文的正文篇幅较长，那么参与方式在文章的开头、中间、末尾都需要提及。

基于互联网用户存在"惰性"的特点,参与活动的跳转路径越短,用户参与的成功率越高,反之则越低。一般来说,通过点击链接进入活动页面比扫描二维码更为便捷。

设计

设计主要是指活动所需要的推文封面、推文配图、主题海报、Banner图、分类导航图、页面原型、线下物料等要素的设计任务。该任务通常由具有专业设计技能的人员完成。设计风格一般要求贴合活动主题,符合大众的审美要求。以目前最热门的分享裂变活动玩法为例,裂变海报作为活动所需的关键元素,需要确保其设计质量。裂变海报中一般包含的六大要素,如图7-4所示。

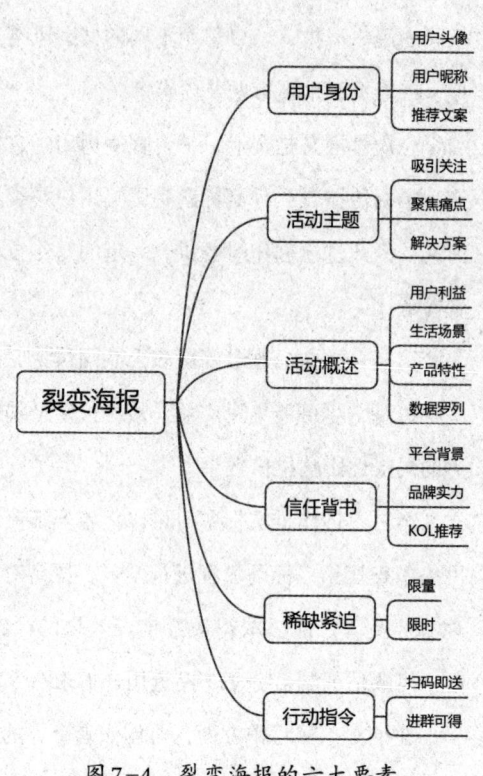

图7-4 裂变海报的六大要素

页面

活动页面是活动策划方案面向用户的最终呈现。页面的设计除了要求美观简洁外，还需要符合交互习惯与商业逻辑。

活动页面设计任务不可完全交由一人完成，而是需要项目组成员或运营负责人与美工共同设计和完善，并解决活动交互顺序、商品展示方式、活动板块铺排等问题。通常可以将活动力度大、客单价低、能够吸引大量用户消费的活动或商品置于页面首屏，即最显眼的位置。此外，要尽可能缩短活动交互路径，减少用户犹豫和思考的时间，引导用户找到贴合其需求点的活动或商品。

开发

开发的主要任务是基于活动玩法要求和页面原型实现交互效果，并保障活动交互功能的实用性及流畅性，即可以用、好用。在开发过程中，运营项目团队、设计及开发人员要积极沟通协作，就存在的问题及时探讨解决，避免因沟通不畅或误解导致重复返工。如果平台使用的是第三方插件，则需进行插件测试，确保活动功能顺利实现。

物料

如果活动涉及线上线下联动，那么活动执行人员需要提前向采购部、供应商提出相关物料需求，为参与方预留出充足的准备、协调时间，确保能够按照活动要求执行。其中，需要重点关注物流、活动所需设备的安装调试等问题。

7.2.4 活动上线跟进

活动上线后，运营方应主要做好两方面的工作，即上线推广与监控调整，从而尽可能使更多用户参与活动，保证活动有序推进。

上线推广

当策划设计阶段的准备活动（如活动页面设计、海报设计、物料设计等）完成后，就可以将相关活动素材和物料提交至市场推广部门，进行预热推广。在该环节中，各个推广渠道的负责人员有必要基于渠道用户的特点制定与之适应的推广策略，并将各形式的推广DEMO提交至项目小组或公关团队审核，评估推广文案等是否存在容易引起舆论风险、合规风险的内容，避免造成纠纷或公关危机。

根据活动进展情况，可以逐步开放推广渠道。但要注意的是，每个推广渠道的推广链接或二维码最好是唯一的，避免混合使用，这有利于在活动跟进或后期复盘时对相关数据进行采集与分析。

监控优化

为了确保活动顺利推进并达到最佳活动效果，活动上线以后还需要持续进行监控、调整、优化，具体可以从三个方面着手，即风险控制、比对优化和检查修正。

（1）风险控制。活动中可能出现的风险主要涉及费用预算、法律法规、舆情公关、平台漏洞等方面。运营人员需要对可能发生的风险进行预估，并准备好预案。具体风险分析如下。

费用预算：运营人员需要关注推广营销方面费用的支出情况，将活动策划方案外的临时开支控制在有限范围，避免预算超支。

法律法规：从活动推广执行到结束的整个过程中都需要确保其合规性。具体包括文案、设计、宣传推广方式及所有参与人员的言行等，都要受到国家法律法规的约束。活动参与人员也要遵守微博、微信、天猫、京东、抖音等平台的规则，避免封号风险。对于在微信生态上的分享裂变活动，需要实时监控数据增长情况，尽量避免裂变数据增长过快。此外，平台面向用户的模板消息推送不可太过频繁，以避免被用户举报。

舆情公关：除了前文所述的在推广文案、设计等要素中避免出现容易引起负面舆情的内容外，还需要积极处理用户的投诉建议，将负面影响降到最低。

平台漏洞：通常，活动上线之前已经做过相对充分的测试，但受限于测试条件，难免还有疏漏，因此活动上线后，需要时刻关注平台数据。针对活动中暴露出的平台漏洞问题，要及时评估、修复与处理，如果不可修复或调用备选方案，则要考虑提前下线并终止活动。常见的活动漏洞有：商品价格的小数点位置错误、优惠券未限定使用门槛、特价秒杀产品没有设置限购等。

除了上述风险外，根据行业特性的不同，运营活动中还可能产生其他风险。电商类平台在进行促销活动时，要实时关注库存，相关规则需在活动说明中告知，系统对用户的限购设置需与活动规则保持一致，以避免出现超卖的风险。

（2）比对优化。互联网思维中的迭代思维可以被应用于运营活动，也就是说活动的执行不是由始至终一成不变的，而是可以根据现实情况进行快速迭代、优化与调整，以实现活动效果最大化。通常，活动调整方案是根据活动反馈的数据信息得出的。运营人员需要实时关注流量数据、商品数据、转化数据等，并结合以往的活动经验和数据调整活动效果预期。

以电商活动为例，平台可以通过执行以下三个动作来提升活动收益：一是根据周期内渠道来源用户的转化率变化情况，实时调整渠道推广资源的比例；二是活动商品替换，可以将那些曝光率高但转化率较低的商品替换为曝光率低但转化率较高的商品，也可以替换那些不畅销的商品；三是客服人员积极关注订单数据，针对已提交但未支付且时长超过一定时间的订单，主动进行客户回访，以及时解决客户在支付过程中遇到的问题。

（3）检查修正。在活动推进过程中，需要快速识别活动方向是否出现了偏差，及时处理活动过程中出现的意外情况，尽快让活动路径回归正轨。如何判断活动执行的偏差情况，可以从四个角度切入：按照活动预想应该是什么情况；实际是什么情况；哪些因素有利于活动继续推进；哪些因素不利于活动继续推进。

总而言之，运营人员如果要充分、全面地了解活动情况，就需要与项目成员保持高效的沟通。活动执行人员需要明确自己的主要任务，及时反馈工作进度和活动状态，及时排除不利于自身任务进展的干扰因素，灵活处理由用户或竞品导致的意外情况，并报备相关动态。以上动作需要贯穿活动执行的全过程，避免虎头蛇尾，因小失大。

7.2.5 活动复盘评估

活动结束并不意味着活动运营人员的工作就结束了。活动有没有达到预设的目标、达成了多少、哪个渠道的用户比较优质、活动中有哪些亮点与不足、哪些问题还没有解决等问题都需要通过活动复盘进行总结。活动中哪些用户中了奖、什么时间用什么方式发放等问题也需要在活动结束后解决。

效果评估

一般在活动进行的过程中，根据活动的节奏和现场的反馈，基本上已经能够预估活动的效果。活动结束拿到基础的结果数据后，我们首先要做的是将结果数据与目标数据进行对比，分析活动是否达到了预期效果、是否解决了活动开始前提出的问题。

效果评估的方向取决于活动开始时设置的活动目标。如果活动的目标是销售额，那么我们评估的效果就是营收比；如果设置的活动目标是拉新，那么我们要评估的效果就是获客成本。

数据复盘

活动数据是检验活动过程中每个环节执行好坏的核心依据。

因篇幅所限这里只列出几个分析的纬度。复盘时我们可以从渠道、转化、用户、内容、商品、营销、时间等纬度对数据进行分析。因为分类的标准不一，所以这些纬度并不符合MECE法则，需要根据实际情况选择相应纬度。

（1）渠道数据。活动开始前运营方通常会选择多个渠道进行上线推广。哪个渠道流量最大、哪个渠道用户的转化率最高、哪个渠道的获客成本最低等问题，都需要在活动结束后进行分析比对，以便下次活动时选择最具性价比的渠道投放。

（2）转化数据。用户的交易过程可以拆解为触达、浏览（点击）、加购、下单、支付五步。每一步到下一步都会有用户的流失，因此需要计算出每一步的转化率，并将其与以往的活动数据及行业平均数据进行对照，从而分析出在活动执行过程中每个环节的差距。

（3）用户数据。不同的活动形式对用户的数据考核不同。一般用户数据包含新增用户数、新增会员数、访客数、成交用户数、新老用户参与占比、新老用户成交额和新老用户客单价等。

（4）内容数据。内容数据分析的是活动传播及执行过程中推文、推广海报、活动页面等物料的设计创作的质量，考核的是内容创作团队的能力。常用的内容数据包含推文阅读量、海报扫码量、单个页面的停留时长、用户访问深度和用户转发次数等。

（5）商品数据。商品数据是电商平台运营中最重要的数据指标。活动结束后运营方需要分析动销商品数、单个商品曝光量、单个商品的转化率、单个商品的成交金额等数据，找出爆款商品、畅销商品和滞销商品等，为以后的运营及采购提供数据支持。

（6）营销数据。营销数据分析的是营销活动对平台整体成交额的带动情况及用户对营销活动是否感兴趣的反馈情况。需要分析的营销数据有领券用户数、用券用户数、营销费用占比、关联销售量等。

（7）时间纬度。时间纬度的数据是指按照时间顺序将活动的主要考核数据（如浏览量、访客数、下单金额、成交金额等）做成趋势变化曲线，根据曲线的走势来分析活动中用户行为的变化情况。在以后的活动中，还可以根据趋势变化调整活动节奏，什么时间推广和什么时间放券，都能根据趋势进行调整，从而使活动效果最大化。

数据复盘后要形成数据分析报告，为以后的活动提供数据支持，为调整运营策略提供科学依据。

经验总结

复盘除了要分析数据外,还要分析行为。数据是产生的结果,行为才是发生的原因。经验总结针对的问题包括:整场活动中文案、美工、渠道、执行等,有哪些好的创意、细节和流程?活动中暴露了什么新的问题?如果再做一次活动,活动中的各个节点哪些需要保留,哪些需要调整,哪些需要优化?

认真回答这些问题,将成功的经验和方法作为下次活动或类似活动的解决方案,可以让以后的策划活动越来越得心应手。